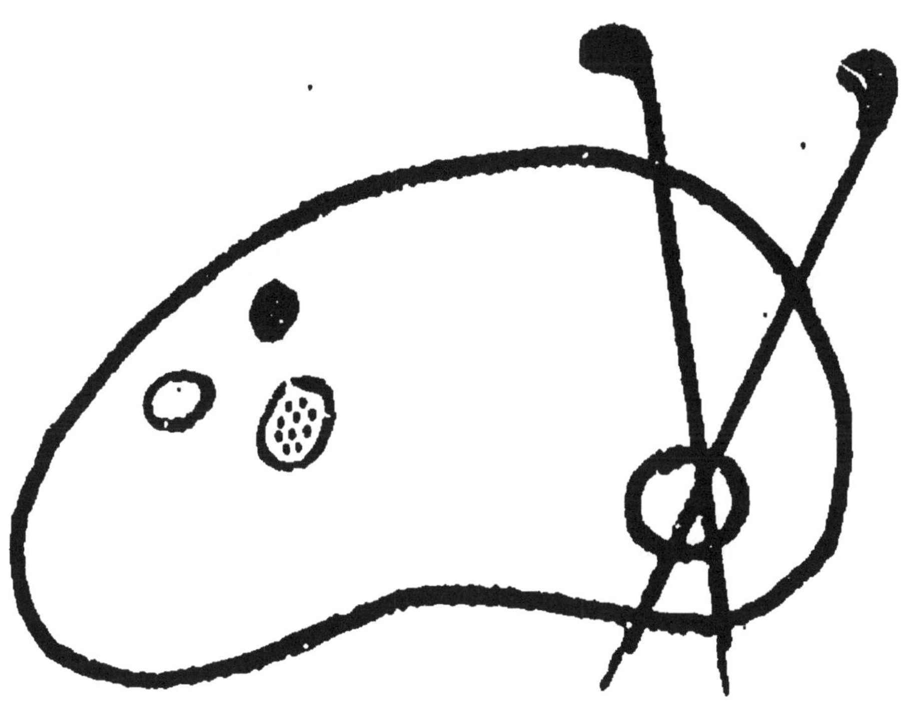

Couvertures supérieure et inférieure
en couleur

Le Budget

et la

Politique étrangère

de la France

Discours prononcés à la Chambre des Députés du 19 au 29 janvier 1903

PAR MM.

PAUL DESCHANEL

D'ESTOURNELLES DE CONSTANT

JEAN JAURÈS

A. RIBOT

PARIS

ÉDOUARD CORNÉLY, ÉDITEUR

101, RUE DE VAUGIRARD, 101

1903

BIBLIOTHÈQUE RÉPUBLICAINE

La Congrégation, par Henri Brisson, 1 volume de 550 pages, prix . . . . 3 fr. 50

L'Éducation de la Démocratie française, par Léon Bourgeois, 1 volume de 300 pages, prix . . . . 2 fr. »

Pour l'Université républicaine, par Maurice Faure. 1 volume de 200 pages, prix . . . . 2 fr. »

Pour la Liberté de Conscience, conférences populaires, par MM. Ballaguy, Bouglé, Darlu, Lottin et Rayot. 1 volume, prix . . . . 2 fr. »

La Liberté d'Enseignement (Histoire et Doctrine), par Émile Bourgeois. 1 volume broché, prix . . . . 2 fr. »

La Loi Falloux : le Cléricalisme et l'École, par A. Huc. 1 volume de 350 pages, prix . . . . 2 fr. »

Pour la Raison, par Paul Lapie. 1 volume, prix . 2 fr. »

Pour l'École laïque, par B. Jacob. Conférences populaires, avec une préface de M. Ferdinand Buisson, 2ᵉ édition. 1 volume, prix . . . . 1 fr. »

Vie spirituelle et Action sociale, par C. Bouglé. 1 volume, prix . . . . 1 fr. »

L'Université de Demain, par J. Delvaille, avec une préface de M. H. Brisson. 1 volume, prix . . . . 1 fr. »

L'École républicaine et le Patronage féminin, par Ferdinand-Dreyfus. 1 volume, prix . . . . 1 fr. »

Pour l'Armée Républicaine, par ***. 1 volume, prix . . . . 0 fr. 60; *franco* 0 fr. 75

La Déclaration des Droits de l'Homme et du Citoyen, par MM. Léon Bourgeois et Albert Métin, prix. 0 fr. 40 *franco* . . . . 0 fr. 50

La France sous la Troisième République, par A. Delpech et G. Lamy, prix . . . . 0 fr. 50

Édouard CORNÉLY, Éditeur, 101, rue de Vaugirard, Paris

Le Budget

et la

Politique étrangère de la France

Le Budget

et la

Politique étrangère

de la France

Discours prononcés à la Chambre des Députés du 19 au 29 janvier 1903

PAR MM.

PAUL DESCHANEL

D'ESTOURNELLES DE CONSTANT

JEAN JAURÈS

A. RIBOT

PARIS

ÉDOUARD CORNÉLY, ÉDITEUR

101, RUE DE VAUGIRARD, 101

1903

PRÉFACE

La Chambre des Députés française est calomniée. Les étrangers qui la jugeraient d'après la plupart des comptes rendus de nos journaux, le lendemain d'une séance orageuse ou monotone, pourraient croire qu'elle n'est composée que de nullités morales et intellectuelles.

La vérité est qu'elle représente très exactement la France, avec ses défauts sans doute, ses passions, ses ardeurs et ses faiblesses, mais aussi avec ses qualités, ses mérites, son génie.

Les séances de la Chambre ressemblent aux jours de la vie nationale, plus souvent agitées que calmes, presque toujours mal réglées, mais laborieuses dans leur ensemble et remplies de bonnes intentions, parfois même intéressantes comme un roman.

En tous cas, la Chambre écoute bien ses orateurs, — ceux qui sont dignes d'être écoutés; et n'a-t-elle pas raison de faire son possible pour décourager les autres? — Il est vrai qu'elle se défie des idées nouvelles, des sujets qu'elle ne connaît pas; mais est-ce sa faute? Ne doit-on pas s'en prendre plutôt à ceux qui l'ont entretenue jusqu'à présent dans l'ignorance des questions les plus graves; à ceux qui préten-dent habituer une démocratie à se conduire elle-même et qui s'abstiennent de l'éclairer?...

Quelle discussion plus large, plus courtoise et plus élevée à la fois peut-on citer dans aucun parlement, dans aucun pays et dans aucun temps que celle de la loi sur les congrégations reli-gieuses, pour ne pas remonter plus loin? Où trouver des orateurs mieux écoutés que MM. Waldeck-Rousseau et de Mun, A. Ribot et Renault-Morlière, Viviani et Cochin, et com-bien d'autres?

Et dans les discussions d'affaires? où voyez-vous cette médiocrité, cette insuffisance dont on accuse si volontiers les députés? N'est-il pas plus équitable, au contraire, de reconnaître qu'il se dépense au Palais-Bourbon une somme immense d'efforts, de bonne volonté, de travail; et si ces efforts sont trop souvent contradictoires, n'est-pas le revers inévitable de toute médaille parlementaire, n'est-ce pas la rançon dont il faut payer tout progrès, jusqu'au jour où les aspirations se précisent, où les nécessités s'affirment, et où les méthodes de travail s'imposent, sans jamais pourtant atteindre à la perfection.

Une amélioration sensible se manifeste, quoi qu'on en dise, d'une législature sur l'autre. Certains silences bien plus que des discussions enflammées, sont des symptômes de faiblesse, d'ignorance ou de servitude; et les passions mêmes que soulèvent certains problèmes attestent que chacun comprend mieux soit le bienfait, soit le danger des solutions proposées. Mais quand on constate que malgré ces passions, symptôme de notre vitalité, chacun est libre de faire entendre son opinion, pourvu que cette opinion soit autorisée; quand on se rappelle qu'après tout, une crise comme celle de l'affaire Dreyfus — pour ne citer que la principale — a pu se dénouer tant bien que mal, sans violence, devant l'opinion prise pour juge, on ne peut nier que de grands progrès s'affirment dans nos mœurs politiques. Seul le sophisme des politiciens consiste précisément à représenter ces progrès comme des dangers. Veut-on un nouveau signe de ces progrès?

Les affaires étrangères avaient été systématiquement soustraites à l'attention, pour ne pas dire même au contrôle efficace du parlement. Seuls les faits accomplis lui étaient soumis, avec la carte à payer, dans les moments graves; ou bien il n'était consulté que les jours où l'action déjà engagée devait fatalement se poursuivre.

Ainsi s'est engrenée l'aventure chinoise, — dans l'ignorance presque absolue de l'opinion, — de fait accompli en fait accompli, jusqu'au jour où se produisit l'explosion finale qu'on pouvait prévoir, éviter, tandis que l'Europe, deux fois aveugle, l'a provoquée sans le savoir. A quoi bon les discours inutiles? disait-on alors, le moment n'est pas de se demander comment cette aventure est née ni même jusqu'où elle va nous entraîner; hâtons-nous d'aller secourir à tout prix, et s'il en est encore temps, nos légations assiégées, nos compatriotes en danger de mort!

Nous n'aurions pas été pourtant acculés à cette nécessité d'engager, jusqu'à quel point?... l'action européenne dans ces mers lointaines, en face d'adversaires nouveaux si l'éducation de l'opinion avait été commencée moins tard. Et il en est de même pour beaucoup d'autres questions.

Des difficultés couvent sur tel ou tel point du globe. Un minime effort, une précaution, un sacrifice ou une concession suffiraient à prévenir des complications ultérieures. Mais on préfère attendre que ces complications soient sur le point d'éclater! Alors on récrimine quant aux responsabilités du passé, et l'on applique tant bien que mal un remède tardif, coûteux, souvent illusoire, au mal qu'on a laissé se développer.

Chacun sent aujourd'hui, tout au moins parmi les générations de l'avenir, que ce système a assez duré, et la récente discussion générale du budget qui vient de se poursuivre à la Chambre et qui a soulevé dans tout le pays un si vif et si légitime intérêt, prouve que nous entrons dans une phase nouvelle de la vie politique en France. Nous venons de rompre avec le vieux système du silence, avec la politique de l'autruche. Nous osons regarder autour de nous, interroger l'horizon, parler des questions qui nous intéressent, de toutes les questions...

Et la Chambre écoute; elle applaudit ou contredit, mais elle écoute. Visiblement, elle ne

veut plus être tenue à l'écart des affaires extérieures : elle commence à comprendre que ces
affaires dominent tout, et qu'il n'y a pas de
politique intérieure possible, pas de réforme,
pas de progrès, pas d'avenir enfin pour un État
qui se désintéresse de ses relations avec l'étranger. Et la Chambre est si bien, sur ce point,
d'accord avec le pays, que le public a lu, dévoré plutôt, les comptes rendus de ces débats ;
on a vu le *Journal Officiel* faire prime, tirer des
éditions supplémentaires considérables, pour
répondre aux exigences d'une clientèle inattendue de lecteurs surgissant de tous côtés, tous
avides de lumière, anxieux de soulever un
coin du voile, soi-disant diplomatique, que la
routine et l'inertie interposent entre eux et la
vérité, tous inquiets de l'obscurité persistante
où les gouvernements européens restent plongés, alors que chacun sent le moment venu
d'agir, de se concerter, de prendre un parti.

Le moment est venu, — et c'est un grand
bien — où, grâce à la clarté de l'esprit français,
le public cherchera dans les comptes rendus
d'une discussion à la Chambre des Députés ou
au Sénat, l'exposé le plus récent et le plus
complet des opinions sur les questions à l'ordre

du jour. Grand progrès en effet, car les discussions ainsi attendues, suivies, recueillies,
commentées, deviendront infailliblement d'autant plus sérieuses et plus approfondies.

C'est pour répondre à ce besoin et pour
favoriser ce progrès que nous réunissons en
volume, avec l'autorisation des orateurs, les
principaux discours prononcés pendant cette
discussion générale du budget.

Si notre tentative réussit, comme nous le
pensons, nous réunirons ainsi d'autres discours ayant trait à une même question, par
exemple ceux qui furent prononcés et à la
Chambre et au Sénat sur la loi des associations, ou plus loin encore, relativement à la
situation de l'agriculture. Nous constituerons
ainsi peu à peu une collection qui offrira toute
la substance de nos débats parlementaires présents et à venir et qui mettra pour ainsi dire
en contact la France entière avec les représentants de ses intérêts. Chacun pourra trouver
ainsi les monographies les plus précieuses et
les plus actuelles sur l'état des questions qui
l'intéressent le plus particulièrement.

Dans le présent volume, ceux qui cherchent
des indications précises sur la politique géné-

rale de la France les trouveront toutes fraîches : ils sauront en même temps, par les signes d'approbation ou de protestation indiqués dans le compte rendu, et scrupuleusement respectés par nous, comment les orateurs ont été accueillis.

La plus stricte impartialité s'impose, bien entendu, à cette publication, pour qu'elle soit digne de foi. Cependant nous ne pouvons pas publier *in extenso* tous les discours prononcés. Nous nous bornerons à résumer brièvement ceux d'entre eux, quel que soit leur mérite, qui n'auront pas trait à l'objet général du débat ou qui exprimeront des idées déjà formulées par un précédent orateur. Nos lecteurs ayant le *Journal Officiel* pour contrôle, seront juges de notre équité.

Les quatre discours que nous publions dans le présent volume sont placés dans l'ordre où ils ont été prononcés. Celui de M. Deschanel était attendu avec la plus vive et la plus légitime curiosité. L'orateur avait à se montrer égal à sa réputation, après un silence de cinq années ; rien de plus ingrat pour lui, malgré tout son art, alors surtout qu'il venait frapper d'excommunication une fraction de la majorité républicaine. Son discours souleva dans la Chambre une agitation qui se prolongea long-temps après qu'il eut fini de parler et qui rendit la tâche d'autant plus difficile à l'orateur qui lui succéda à la tribune. M. d'Estournelles ne se laissa pas toutefois déconcerter : malgré la nouveauté de ses idées, malgré l'hostilité sourde qu'elles doivent fatalement rencontrer de la part de ceux qui ne veulent rien approfondir et qui trouvent commode de fermer leurs yeux et ceux du pays sur les dangers de notre situation extérieure, il força l'attention de la Chambre et développa avec toute l'ampleur nécessaire les grandes lignes d'une politique de la paix. M. A. Ribot, dans un magistral discours, applaudi par ceux-là mêmes qui n'en pouvaient approuver le fond, s'attacha le lendemain à montrer les dangers, le caractère, illusoire ou présomptueux, de cette politique. Mais de son côté M. Jaurès, profitant, deux ou trois jours plus tard, d'une interpellation de MM. Dejeante et Lasies pour intervenir rétrospectivement dans cet intéressant débat, vint répliquer à M. Ribot.

Le lecteur ne reconstituera jamais complète-ment la physionomie de ces belles séances, ni les impressions si diverses produites par chacun des discours. Comment se rendrait-il compte, par exemple, de la sensation profonde, prolongée, que fit un mot, en apparence si simple, dans le discours de M. Jaurès : « Oui, oui, vous raillez; dit, en substance, M. Jaurès à M. Ribot, et à ses collègues du centre et de la droite, vous raillez, vous prêtez à ceux qui essaient de définir la politique de la paix je ne sais quelles imprudentes et chimériques illusions ;... cette politique pourtant, si sa réalisation est lointaine, a ses avantages ; elle a un but ;... mais LA VÔTRE ?... »

Le lecteur qui n'a pas assisté à cette séance et qui n'a pas vu la Chambre entière muette, interdite quand ces trois mots pressants vinrent éclater devant elle, et faire tressaillir chaque conscience, celui qui n'a pas assisté à ce spectacle inoubliable n'aura que l'écho lointain d'une séance ; au moins aurons-nous tout fait pour que cet écho soit fidèle.

En tous cas, le lecteur pourra, en toute liberté, se prononcer sur la valeur des idées exposées par chaque orateur. Rien ne sera dit dans ce livre pour l'influencer.

Il nous sera permis seulement de tirer de ces

débats une conclusion indiscutable. Si différents qu'ils soient les uns des autres, ces quatre discours, auxquels s'ajoute une courte protestation de M. F. de Pressensé, affirment pourtant une volonté commune : la volonté d'assurer à la France une politique étrangère clairvoyante et digne, éloignée de toute imprudence comme de toute humiliation, fermement attachée à tout ce qui peut affermir nos forces nationales, *mais* RÉSOLUMENT ORIENTÉE VERS LA PAIX.

Ainsi, la conclusion de ce débat est que la paix gagne chaque jour du terrain sur la guerre dans les consciences. La guerre, à proprement parler, n'a même plus d'apologistes ; on ne diffère plus, en somme, que sur les moyens d'organiser la paix sans la compromettre.

Quel progrès ! Combien il est juste d'en prendre acte et de donner aux générations nouvelles l'étude de ce problème vraiment moderne et vraiment humain, digne de notre temps, digne de la France républicaine : l'organisation de la Paix.

Et ne trouve-t-on pas en quelque sorte l'épilogue et la moralité de ces discours dans la très courte discussion dont le compte rendu termine ce volume et au cours de laquelle M. le ministre des affaires étrangères, avec l'assentiment de toute la Chambre, sans distinction de parti, a déclaré qu'il inscrirait dorénavant à son budget un nouveau chapitre, le chapitre de la Cour d'arbitrage de La Haye, embryon du futur budget de la Paix.

Séance du lundi 19 Janvier 1903

Présidence de M. Léon Bourgeois

DISCUSSION GÉNÉRALE DU BUDGET

DISCOURS DE M. PAUL DESCHANEL

DISCOURS DE M. PAUL DESCHANEL

M. Paul Deschanel. — Messieurs, je me rappelle qu'il y a onze ans M. Rouvier était comme aujourd'hui ministre des finances, et, comme aujourd'hui, son avènement au pouvoir avait été accueilli avec confiance par l'opinion publique. (*Très bien! très bien!*)

Je lui demandais alors s'il ne serait pas possible de présenter les budgets aux Chambres sous une forme plus simple et plus claire. Ils sont d'une lecture difficile même pour les membres du Parlement, et nous avons vu nos financiers les plus expérimentés différer d'avis sur des chiffres qu'une comptabilité plus rationnelle aurait mis hors de discussion; à plus forte raison, sont-ils inintelligibles pour la masse des contribuables. Et pourtant, dans un pays de suffrage universel, chacun devrait pouvoir aisément toucher du doigt la marche des recettes et des dépenses, les causes de l'augmentation des impôts, les causes du déficit, et orienter ses votes en conséquence. (*Très bien ! très bien ! au centre et sur divers bancs.*)

Une connaissance exacte de la situation financière serait un frein à l'excès des dépenses. Et elle serait aussi un frein aux exagérations de l'esprit de parti.

En effet, la France, depuis trente ans, avec une ardeur généreuse, mais parfois, il faut bien le dire, téméraire, a fait toutes les politiques à la fois : politique militaire, politique navale, politique coloniale, politique de grands travaux publics, politique scolaire, politique sociale, — et cela sans avoir devant elle les ressources et les perspectives d'avenir des pays neufs, un sol vierge et la houille en abondance, par la seule vaillance de son admirable peuple. (*Vifs applaudissements au centre et sur divers bancs à gauche et à droite.*)

Et pourtant, si l'on suit la marche de nos budgets pendant cette période, on voit qu'en mettant à part le milliard des expéditions coloniales, la réfection du matériel d'artillerie et les constructions neuves de la flotte, les deux seuls budgets qui aient réellement augmenté, en France comme partout, sont ceux de l'instruction publique et des travaux publics.

Quant au déficit — en tenant compte de l'incorporation des budgets extraordinaires au budget ordinaire, entreprise par M. Carnot, alors ministre des finances, et heureusement poursuivie par M. Rouvier et par ses successeurs — il est aisé de l'évaluer à diverses époques, en relevant les sommes provenant d'emprunts, qu'il a été nécessaire d'inscrire dans les comptes afin d'assurer l'équilibre.

Ces sommes s'élevaient, en 1881, à 670 millions. Dix ans plus tard, en 1891, elles avaient été réduites à 58 millions, ou, si l'on tient compte des emprunts réalisés pour l'État par les Compagnies de chemins de fer, à 110 millions environ.

De 1895 à 1899, les excédents des recettes sur les dépenses compensaient les emprunts que les Compagnies continuaient à faire pour le compte de l'État; l'équilibre véritable était alors acquis.

Vous savez, messieurs, pourquoi et comment il n'en est malheureusement plus de même aujourd'hui. Vous connaissez l'importance du déficit de l'exercice 1901. Vous en savez les causes ; je n'ai pas besoin d'insister.

Il est donc bien vrai, comme le dit M. le rapporteur général au nom de la commission du budget, qu'un sérieux effort est nécessaire, mais un effort beaucoup moindre que celui que nous avons accompli de 1885 à 1895, et il suffirait, en somme, de quelques années de sagesse politique et financière, il suffirait de ne pas abuser des dépenses d'initiative parlementaire (*Applaudissements au centre et sur divers autres bancs*), de ne pas toucher inconsidérément aux recettes et de ne point paralyser l'esprit d'entreprise, pour rendre l'équilibre à nos budgets et l'aisance à notre trésorerie. (*Très bien ! très bien ! sur les mêmes bancs.*)

Messieurs, si, malgré les lourdes charges qu'il supporte et les épreuves qu'il a traversées, la puissance productive de notre pays n'est pas atteinte, si son crédit demeure incomparable, si la situation budgétaire, quoique embarrassée, n'est pas menaçante, à la condition de réagir promptement, comment expliquer certains signes de malaise, d'inquiétude, tels que, par exemple, l'émigration des capitaux et le retrait de dépôts des caisses d'épargne ? Et, s'il est vrai qu'une campagne coupable, antipatriotique (*Applaudissements au centre, à gauche et à l'extrême gauche*) ait été dirigée contre nos institutions d'épargne, comment une pareille campagne a-t-elle pu avoir prise sur une partie, si faible qu'elle soit, de l'opinion ?

Mes chers collègues, je voudrais m'expliquer là-dessus avec une entière franchise et, m'autorisant d'illustres exemples et d'un usage conforme aux meilleures traditions parlementaires, je vous demande la permission de vous soumettre quelques réflexions très courtes sur notre situation politique.

Si l'on jette les yeux sur l'état des partis dans cette Chambre, on est frappé de ce fait, que des hommes qui pensent à peu près de même sur toutes les questions essentielles, sont séparés par un fossé et jetés en des camps différents et, qu'à l'inverse, des hommes qui, sur ces mêmes questions, sont séparés par des divergences profondes, marchent ensemble. (*Très bien! très bien! au centre.*)

Cette situation, pour qui ne s'arrête pas à la surface des choses, est la conséquence directe du drame qui a déchiré naguère la conscience nationale. Par cela même qu'il a mis aux prises, dans l'âme de ce peuple, le plus logicien à la fois et le plus idéaliste qui ait jamais paru dans le monde, les passions les plus ardentes, il a bouleversé la politique française, brisé et confondu les cadres des partis.

Et, par un phénomène qui tient à celui-là, tandis que, dans les pays de régime parlementaire, au moment des élections le gouvernement se présente au pays avec un programme et l'opposition avec un autre programme, entre lesquels les électeurs ont à choisir, cette fois-ci, au contraire, on a voté simplement pour ou contre un ministère et, chose plus anormale encore, pour ou contre un ministère qui devait disparaître le lendemain. (*Applaudissements au centre et sur divers bancs. — Interruptions à l'extrême gauche et à gauche.*)

M. MAUJAN. — On a voté « pour » ou « contre » la République.

M. RENÉ RENOULT. — Oui « pour » ou « contre » la République elle-même. (*Applaudissements à gauche. — Rumeurs au centre.*)

M. GEORGES GROSJEAN. — Monsieur Renoult, nous avons ensemble, tous les deux, et côte à côte, défendu la République contre le boulangisme.

M. LE PRÉSIDENT. — Messieurs, je vous en prie, n'entravez pas la liberté de la discussion.

M. PAUL DESCHANEL. — Messieurs, je ne veux nullement passionner ce débat. Je me borne à constater des faits.

Il en est résulté que la formation née de la crise lui a survécu, que la bataille électorale a continué dans la Chambre, et que les députés n'ont pas pu se grouper en vertu d'un accord préalable sur les problèmes fondamentaux de la politique intérieure et extérieure.

En effet, s'agit-il des questions d'enseignement, par exemple? Nous voyons, et sur les bancs de la majorité ministérielle et sur les bancs de l'opposition, des républicains qui s'accordent à dire qu'une société ne saurait tolérer un enseignement contraire à son principe et périlleux pour son avenir, mais qui ne veulent pas plus du monopole que de la liberté illimitée, qui entendent concilier les droits de la famille et les droits de l'État, qui veulent en un mot la liberté réglée, la liberté contrôlée, ayant pour corollaires l'égalité et la responsabilité (*Applaudissements au centre et sur divers bancs à gauche*), tandis qu'au contraire, dans la majorité, à côté des républicains qui pensent ainsi, il en est d'autres qui proposent un monopole de droit ou de fait, et qui ont accueilli le projet Chaumié comme une œuvre de réaction. (*Très bien! très bien! sur les mêmes bancs.*)

S'agit-il des questions sociales? Nous voyons, et sur les bancs de la majorité et sur les bancs de l'opposition, des républicains qui considéreraient toute tentative pour recommencer ce qui s'est fait à d'autres époques, pour exploiter la peur au profit de l'égoïsme, afin de barrer la route à la démocratie et au progrès, comme la plus vaine et la plus basse des politiques (*Applaudissements au centre et à gauche*); qui entendent organiser les retraites ouvrières, soit en combinant l'action publique et l'initiative privée, soit en conciliant le principe de la liberté et celui de l'obligation ; qui veulent l'exercice régulier du droit de grève en respectant la liberté de l'ouvrier qui préfère continuer le travail (*Applaudissements au centre et sur divers bancs à gauche*); qui veulent le développement scientifique des syndicats professionnels avec toutes ses conséquences : représentation légale des travailleurs, conciliation et arbitrage, crédit, assurances, bref, tout cet ordre nouveau, plus juste, plus humain, où les hommes qui produisent seront entre eux, non plus dans des rapports de dépendance, mais dans des rapports d'association. (*Applaudissements au centre.*)

Et, au contraire, dans la majorité, à côté des républicains qui comprennent ainsi le progrès démocratique, il en est d'autres, qui font du syndicat une arme tyrannique et révolutionnaire, de la grève un épisode de la guerre des classes, au risque de ruiner les ouvriers en même temps que les patrons (*Interruptions à l'extrême-gauche, — Applaudissements au centre*), au risque de détruire l'industrie et la marine françaises au profit des industries et des marines étrangères, et qui, par là, s'acheminent — ils nous le rappelaient hier encore — au but, toujours le même, toujours présent, c'est-à-dire non pas seulement, comme on le répète sans cesse par un sophisme qui égare l'esprit de nos ouvriers et de nos paysans, l'extension de la propriété sociale, de la propriété collective, mais, ce qui est tout différent, la transformation du droit actuel de propriété en droit de possession précaire et révocable. (*Vifs applaudissements au centre.*)

S'agit-il de la question religieuse? Il y a, sur les bancs de l'opposition comme sur les bancs de la majorité, des républicains qui entendent maintenir dans toute sa force le principe de la suprématie du pouvoir civil, substance de notre politique traditionnelle et idée maîtresse de la Révolution française (*Très bien! très bien!*) qui ne sauraient admettre qu'un gouvernement se désintéresse de la marche et de l'organisation des congrégations religieuses, qui repoussent de toute leur énergie ce détestable mélange de la politique et de la religion dont la France a tant souffert (*Très bien! très bien!*), cet esprit de la Ligue, de la révocation de l'édit de Nantes, des ordonnances de Charles X, de la longue et furieuse lutte dirigée contre l'Université sous la monarchie de Juillet, couronnés par la loi Falloux et par cette réaction de 1850, qui a si brutalement frappé nos pères. (*Vifs applaudissements au centre.*)

Mais, à côté des républicains restés fidèles à la doctrine de l'État laïque, de l'État neutre, incompétent en matière de croyance ou d'incroyance, il en est d'autres qui, par une conception toute différente — rappelez-vous l'éloquent discours de M. Viviani dans le débat sur les associations — considérant le catholicisme comme l'erreur et n'admettant pas la liberté de l'erreur, veulent un État prenant parti dans la lutte des croyances, entrant en lice, armé en guerre pour ce qu'ils croient la vérité, et retournant la parole de Bossuet : « Le prince doit employer son autorité pour détruire les fausses religions. » (*Applaudissements au centre.*)

M. Aristide Briand. — Voilà la risette à la droite.

M. Paul Deschanel. — Monsieur, je ne fais la risette à personne. Vous ne me connaissez pas ! (*Nouveaux applaudissements.*) Peu m'importe de plaire ou de déplaire à telle ou telle partie de cette Chambre. Je parle pour ma conscience et pour mon pays. (*Vifs applaudissements au centre.*)

M. le président. — Je prie tous mes collègues d'écouter l'orateur avec la déférence et le respect que méritent son caractère et son talent. (*Vifs applaudissements au centre.*)

J'ajoute qu'il est d'usage dans la discussion générale du budget, que le débat prenne une ampleur et une étendue que la Chambre a toujours considérées comme nécessaires. (*Nouveaux applaudissements.*)

Nous devons laisser une discussion de politique générale comme celle qui se développe en ce moment se poursuivre dans des conditions de calme, de dignité et de tolérance mutuelle qui sont indispensables. (*Applaudissements.*)

M. Aristide Briand. — On nous interrompt sans cesse quand nous parlons.

M. le président. — Soyez certain, monsieur Briand, que je vous ferais respecter de même, s'il en était besoin, quand vous monterez à la tribune.

M. Meslier. — Nous saurons bien nous faire respecter nous-mêmes? (*Exclamations au centre.*)

M. PAUL DESCHANEL. — Je crois n'avoir manqué à personne.

Et, si l'on considère plus particulièrement cette loi de 1901 qui a été un des motifs déterminants du groupement actuel, est-ce qu'il n'y a pas, dans la majorité, des républicains qui en ont combattu certaines dispositions importantes? Est-ce qu'il n'en est pas qui, par exemple, ont préféré, qui préfèrent encore l'autorisation par décret à l'autorisation par la loi, comme l'avait proposé M. Waldeck-Rousseau lui-même en 1882 et 1899? (*Très bien! très bien!*)

Et, aujourd'hui qu'elle est votée, est-ce que ceux-là mêmes qui, parmi les républicains, l'ont le plus vivement critiquée, ne proclament pas qu'elle doit être obéie? N'est-ce pas M. Renault-Morlière qui disait, il y a trois mois : « Il faut respecter la loi, toute la loi. Avant le vote, chacun de nous a le droit et le devoir de combattre les dispositions qui lui semblent mauvaises; après le vote, tout le monde doit s'incliner? » (*Très bien! très bien!*)

M. RENAULT-MORLIÈRE. — C'est toujours notre sentiment.

M. PAUL DESCHANEL. — Et enfin, en ce qui concerne plus particulièrement encore les décrets de cet été, est-ce que l'honorable M. Jonnart lui-même, dans ce discours où il a si énergiquement revendiqué les droits de l'État et flétri l'action politique de certaines congrégations, n'a pas adhéré expressément à l'opinion de M. Gabriel Monod? Est-ce qu'il n'a pas tenu identiquement le même langage, formulé exactement les mêmes réserves, les mêmes critiques, et que l'honorable M. Goblet, qui a fait voter la loi de 1886, et que l'honorable M. Renault-Morlière ? Et, dès lors, n'apparaît-il pas que, même sur ce point, les divisions actuelles du parti républicain répondent au passé plus qu'à l'avenir ? (*Très bien ! très bien !*)

Je pourrais faire des constatations analogues, soit à propos de l'impôt — les uns voulant égaliser les charges, et les autres égaliser les fortunes —; soit à propos de l'organisation militaire, où la très grande majorité des républicains veut une armée permanente avec service réduit, et d'autres les milices ; soit enfin à propos du fonctionnement même de la Constitution et du régime parlementaire : car je ne ferai pas injure à certains républicains en disant qu'ils ne s'accommodent de la Constitution actuelle et qu'ils ne la subissent que parce qu'elle est faussée ; et c'est apparemment parce qu'elle fonctionne si peu, qu'ils n'ont jamais moins parlé de la reviser. (*Applaudissements et rires au centre.*)

Mais, s'il est un domaine où ces étranges contrastes éclatent avec une particulière gravité, c'est celui de la politique extérieure, trop négligée peut-être dans les Chambres françaises (*Applaudissements*) et qui dépend si étroitement de la politique intérieure.

J'aperçois devant moi, au banc de la commission du budget, notre éminent collègue M. Doumer, dont on n'a pas oublié les paroles pleines d'amertume à son retour d'Indo-Chine ; et non loin de lui, dans la même majorité, siège notre éminent collègue M. Jaurès.

Je vois ici notre ami M. Étienne, qui, depuis vingt ans, dépense, au service de la cause coloniale, tant de dévouement et de patriotisme (*Applaudissements*) et non loin de lui, dans la même majorité, l'honorable M. de Pressensé. (*Très bien ! très bien ! au centre.*)

Et je demande quelle autorité, quelle force peuvent donner à notre diplomatie les vues contradictoires de nos éminents collègues ? Je demande ce que peut faire un ministre, si habile qu'il soit, lorsqu'il est obligé de compter avec ces exigences inconciliables.

Je ne crois pas me tromper en disant qu'il y a, sur tous les bancs de cette Chambre, des députés qui pensent qu'après 1870, la politique la plus sage, la plus utile pour la France eût été, peut-être, d'exercer principalement son action en Europe et dans la Méditerranée (*Très bien ! très bien !*) ; que nous avons été entraînés souvent plus loin que nous ne l'aurions voulu ; que nous avons dispersé nos forces, et qu'en tout cas, aujourd'hui, loin de chercher de nouvelles conquêtes et de nouvelles expéditions militaires, nous devons organiser notre domaine, en tirer le meilleur parti possible et le mettre à l'abri des conflits et des aventures. (*Applaudissements sur un grand nombre de bancs.*)

Oui ! nous voulons une politique de paix et d'équité. La France a toujours été la justice vivante et armée. (*Très bien ! très bien !*) Ce n'est pas à l'heure où elle s'efforce de mettre ce principe à la base même de ses institutions qu'elle pourrait abandonner l'idéal qui a toujours fait la grandeur et l'originalité de sa magnifique histoire ! (*Applaudissements.*)

Oui ! la politique extérieure de la République, aussi bien que sa politique intérieure, doit être un constant effort vers le règne du droit.

Mais, entre une politique agressive, provocatrice, belliqueuse, et une politique de renoncement et d'abdication, il y a quelque distance. Et je ne crois pas me tromper non plus en affirmant qu'il y a sur presque tous les bancs de cette Chambre des hommes qui ne sauraient s'associer à certaines théories d'autant plus dangereuses qu'elles sont servies par une puissante éloquence. (*Vifs applaudissements au centre, à droite et sur divers bancs à gauche.*)

Oui ! une école nouvelle a surgi qui, toutes les fois qu'on parle de politique extérieure, déplace les responsabilités et retourne les rôles — à nos dépens.

Qu'il s'agisse de l'Asie, ou de l'Afrique, ou de l'Europe, qu'il s'agisse de l'Extrême-Orient, ou de l'Alsace-Lorraine, ou de la triple alliance, c'est toujours le même procédé.

Parle-t-on de nos provinces perdues ? Est-ce pour dire seulement, comme Gambetta, que « les grandes réparations peuvent sortir du droit » et qu'un jour, peut-être, par le développement de plus en plus étendu de l'arbitrage international, les peuples, dans une humanité meilleure, plus haute, pourront débattre leur destin et choisir leur nationalité ? Si l'on s'en tenait là, nous applaudirions de grand cœur. Mais non, on nous dit que l'autre parole célèbre : « Y penser toujours, n'en parler jamais », « a introduit un germe funeste », qu'il la faut effacer de nos âmes, et, par là, on froisse profondément, non la fibre chauvine et militariste, mais le patriotisme dans ce qu'il a de plus légitime, de plus délicat, de plus sacré, parce que ce grand peuple, tout en restant fermement attaché à la paix, n'a pas cessé de mettre au-dessus des coups de la force la pérennité du droit ! (*Applaudissements vifs et prolongés au centre, à droite et sur divers bancs à gauche.*)

Parle-t-on de la triple alliance ? Est-ce pour se réjouir, comme nous, qu'après cette longue période d'angoisses, de continuelles alertes sous le coup des provocations de Bismarck et de Crispi, Alexandre III, par sa loyale étreinte, ait réchauffé nos cœurs et rétabli l'équilibre de l'Europe ? (*Applaudissements au centre, à droite et sur divers bancs à gauche.*)

M. Gérault-Richard. — La France vaut mieux que cela ! Elle n'a pas besoin de l'étreinte d'Alexandre III. Votre patriotisme consiste en une humiliation continuelle de la France. (*Exclamations au centre et à droite.*)

M. Paul Deschanel. — Non : par une singulière interversion des rôles, et aussi par une singulière interversion des dates, on réserve sa faveur au pacte

qui avait été conclu contre la France et sa sévérité
au pacte qui est venu ensuite faire contrepoids à
l'autre, comme s'il n'y avait nulle différence entre
l'humiliation d'une paix imposée et la dignité d'une
paix consentie! (*Vifs applaudissements au centre,
à droite et sur divers bancs à gauche.*)

A *l'extrême gauche.* — C'est inexact! (*Bruit.*)

M. PAUL DESCHANEL. — J'entends dire : « C'est
inexact ». Comme j'ai l'habitude de discuter loyalement, je rappellerai la phrase telle qu'elle a été
reproduite par son auteur lui-même : « La triple
alliance, contrepoids nécessaire à notre chauvinisme et aux fantaisies franco-russes. » (*Applaudissements au centre, à droite et sur divers bancs à
gauche. — Bruit à l'extrême gauche.*)

M. ARISTIDE BRIAND. — Ce n'est pas la même
chose.

M. GÉRAULT-RICHARD. — Dans le discours le
plus patriotique chacun peut cueillir une phrase,
l'isoler et lui donner un sens contraire à celui
qu'elle comporte réellement. (*Très bien! très bien!
à l'extrême gauche.*)

M. LE PRÉSIDENT. — Comme il s'agit des paroles
d'un de nos collègues et que ce collègue est retenu
loin de la Chambre par un douloureux devoir, nous
serons, je crois, d'accord pour ne pas poursuivre
la discussion sur ce point particulier. (*Très bien!
très bien!*)

M. GÉRAULT-RICHARD. — Jaurès a développé sa
pensée dans une série d'articles que M. Deschanel
connaît certainement. Il sait donc qu'elle n'est pas

telle que des commentateurs de mauvaise foi l'ont montrée.

M. PAUL DESCHANEL. — Un mot, en réponse à ce que vient de dire M. Gérault-Richard.

Parle-t-on de la guerre ? Est-ce pour flétrir ce reste de barbarie et pour déplorer que le **fruit du labeur** des peuples aille s'engloutir dans les budgets de la destruction et de la mort ? Non : devant ce **pays** dont le flanc saigne encore, devant cette frontière mutilée, devant cette jeunesse, devant l'Université on salue comme un exemple, comme un précurseur l'ancien maître qu'elle a dû désavouer, et l'on s'écrie : « Hervé, l'un des premiers qui, dans l'Université, ait fait entendre la parole du bon sens et du vrai courage ! » (*Vives réclamations à l'extrême gauche. — Vifs applaudissements au centre, à droite et sur divers bancs à gauche.*)

M. MESLIER. — C'est inexact. (*Réclamations au centre.*) C'est absolument inexact.

M. PAUL DESCHANEL. — On me dit encore que c'est inexact. Ces paroles ont été prononcées à Sens et reproduites entre guillemets par *La Petite République* du 3o septembre 1902, page 1, colonne 6. (*Applaudissements.*)

A l'extrême gauche. — Lisez !

M. PAUL DESCHANEL. — « Hervé, l'un des premiers qui, dans l'Université, ait fait entendre la parole du bon sens et du vrai courage. »

M. GÉRAULT-RICHARD. — Dans l'Université !

M. LE COMTE DU PÉRIER DE LARSAN. — On veut faire dévier un débat gênant. (*Bruit.*)

M. Maujan. — Dans tous les cas, c'est un débat qui ne doit pas se prolonger, car sur ce terrain du patriotisme vous avez le devoir d'accueillir toutes les explications, et de les accueillir loyalement.

M. Georges Berthoulat. — Est-ce que le rapporteur du budget de la guerre approuve les doctrines du professeur Hervé ?

M. le président. — Monsieur Berthoulat, vous n'avez pas à poser de questions à vos collègues.

M. Maujan. — Nous avons le droit de dire ce que nous pensons, et je répète que vous avez le devoir d'accueillir toutes les explications loyales qui vous sont données; vous avez un autre devoir, c'est de ne pas prolonger un débat de ce genre dans une Chambre française.

M. Paul Deschanel. — Aussi bien, ce qui est grave, ce n'est pas seulement qu'un chef de parti tienne un pareil langage, c'est que, quand dans une des plus grandes villes de France le suffrage unisel s'est prononcé formellement contre les hommes qui professent ces idées, un membre du Gouvernement aille les soutenir contre le suffrage universel (*Applaudissements*); c'est que si un préfet, pour avoir obéi aux ordres de son chef, a mérité leur colère, il leur soit sacrifié; c'est qu'enfin il devienne presque impossible à un député républicain de montrer le péril de ces théories, puisque, dès qu'on ose se lever pour les combattre, comme dans cette lutte on encourt nécessairement l'approbation de ce côté de la Chambre (*la droite*), aussitôt, par ce faux point d'honneur qui mène à toutes les faiblesses et à toutes

les capitulations, on devient suspect. (*Vifs applaudissements au centre.*)

M. Astier. — Pendant quatre ans vous avez été
l'élu de la droite.

M. Paul Deschanel. — Monsieur Astier, dans
une majorité présidentielle il y a toujours nécessairement soit la droite, soit le parti collectiviste,
même quand le président élu n'appartient ni au
parti collectiviste ni à la droite. Et puisque vous
m'avez interpellé sur ce point, permettez-moi d'ajouter que vous trouvez les voix de la droite excellentes quand elles vous profitent et détestables
quand elles ne vous profitent pas ! (*Rires et applaudissements au centre.*)

M. Astier. — C'est précisément votre élection à
la présidence qui a été le point de départ de la scis-
sion entre les républicains, que vous déploriez tout
à l'heure. Depuis quatre ans, justement en vertu des
modifications que vous sembliez regretter il y a un
instant, la République n'a été défendue que par des
républicains, et n'a été combattue que par certains
républicains, toujours les mêmes, alliés de la droite.
(*Applaudissements à gauche et à l'extrême
gauche.*)

M. le Président. — Je demande à mes collègues
de ne pas donner à ces débats un caractère personnel.

M. Paul Deschanel. — Je le demande à tous
ceux qui suivent de près les affaires extérieures,
est-ce que, dans l'état présent du monde, alors que
la politique la plus réaliste triomphe partout, il n'y

a pas un germe de faiblesse pour une nation qui,
même lorsqu'elle n'use pas de sa force, doit la faire
sentir; qui, lorsqu'elle invoque le droit, doit faire
entendre que ce n'est point là une abstraction vaine,
mais une réalité vivante; qui, pour être heureuse,
doit d'abord être assurée de vivre et de durer; est-
ce qu'il n'y a pas un germe de faiblesse à livrer une
part de l'action administrative et la protection du
Gouvernement à des hommes qui jettent ainsi dans
l'âme des générations nouvelles le doute sur leurs
devoirs en même temps que sur leurs droits ? (*Vifs
applaudissements au centre et sur divers bancs. —
Bruit à l'extrême gauche.*)

Et pourquoi tout cela? Pourquoi cette politique ?
Est-ce que, par hasard, la lutte de la République
contre la réaction, est-ce que la défense de la
société civile contre le cléricalisme sont choses nouvelles dans l'histoire de la troisième République ?
Est-ce que Gambetta, est-ce que Jules Ferry, pour
ne citer que ceux-là, ne furent pas aussi ardents que
personne dans cette lutte ? Est-ce que, pour cela, ils
pactisèrent jamais avec les théoriciens de l'abdication nationale ? (*Interruptions à gauche et à l'extrême gauche. — Vifs applaudissements au centre
et sur divers bancs !*)

M. LE PRÉSIDENT. — Je suis convaincu que l'orateur ne veut mettre en doute le patriotisme d'aucun
de nos collègues.

M. PAUL DESCHANEL. — Évidemment ! Je dis, —
et ceci appartient à l'histoire, — qu'ils eurent la
gloire de les trouver contre eux et de succomber

sous leurs coups. Ils eurent pour implacables ennemis les hommes qui livrèrent l'Égypte à l'Angleterre et qui faillirent livrer Bizerte à la Triplice! (*Applaudissements sur divers bancs. — Mouvements divers.*)

Ces grands républicains avaient l'âme profondément laïque et en même temps profondément nationale, c'est-à-dire l'âme même de la Révolution, avec son ardent souci de la grandeur française, avec sa fierté et sa flamme patriotique. (*Applaudissements au centre et sur divers bancs à gauche.*)

Ils tenaient également à ces deux principes : l'indépendance de la société civile à l'égard de l'Église, et l'indépendance de la politique française à l'égard de toutes les influences et de toutes les organisations étrangères (*Nouveaux applaudissements sur les mêmes bancs*), et jamais ils n'auraient compris qu'un de ces deux principes pût nuire à l'autre.

Eh bien ! restons fidèles à cet esprit, gardons le patrimoine tout entier ! Ce ne serait vraiment pas la peine d'avoir derrière soi quinze siècles d'héroïques efforts, de puissance et de gloire, pour descendre à ce degré d'humilité, de se réjouir que la politique de la France puisse dépendre d'autres volontés que de la sienne ! (*Applaudissements au centre et sur divers bancs à gauche et à droite.*)

J'ai fini, messieurs.

Il suffit d'observer, d'une part tant d'affinités, et de l'autre tant de dissidences, pour montrer à quel point la situation actuelle est fausse. Elle ne profite qu'aux partis extrêmes, en leur permettant de jouer un rôle disproportionné, non certes avec le talent de leurs chefs, mais avec leur importance réelle dans les Chambres et dans le pays. (*Très bien ! très bien ! au centre.*)

Elle nous mènerait, si elle devait se prolonger, à un état analogue à celui de la Belgique. (*Interruptions à l'extrême gauche.*)

Sans doute, il est toujours facile de combiner, à la fin des interpellations, des ordres du jour plus ou moins vagues où chacun met ce qu'il veut, des dosages de mots plus ou moins habiles pour donner à des éléments hétérogènes une apparente unité ; mais il ne peut y avoir d'action féconde sans communauté de vues sur un programme positif et précis. La précision, en matière politique aussi bien qu'en matière financière, est, en même temps qu'une forme de la probité intellectuelle, une condition de la force. Dans les groupements disparates, les principes s'émoussent ; l'intérêt national est voilé par les questions de clientèle (*Applaudissements*); l'esprit public, déconcerté, s'abandonne à un scepticisme dangereux.

Cependant, au-dessus des contingences éphémères, les idées demeurent. Elles sont éternelles. Elles sont les souveraines du monde. Et elles se vengent tôt ou tard de l'arbitraire des faits. J'ai foi en elles, si on les sert avec courage, pour tirer la France du paradoxe où elle se débat. (*Vifs applaudissements.*)

Puisse une large et fraternelle entente entre les

républicains qui veulent une politique de réformes et de progrès, qui ne veulent ni agitation réactionnaire, ni agitation révolutionnaire (*Applaudissements au centre et sur divers bancs à gauche et à droite*), rendre à la politique française la qualité maîtresse du génie de notre race : la clarté ! (*Applaudissements vifs et répétés au centre, à droite et sur divers bancs à gauche. — L'orateur, en regagnant son banc, reçoit les félicitations d'un grand nombre de ses collègues.*)

DISCOURS

DE

M. D'ESTOURNELLES DE CONSTANT

DISCOURS DE M. D'ESTOURNELLES DE CONSTANT

— —

M. D'ESTOURNELLES. — Je désire répondre simplement, malheureusement sans éloquence (*Si! si!*), mais aussi très sincèrement au brillant discours de M. Deschanel.

J'aurais voulu aborder tout de suite la discussion du budget, mais il me semble que, m'appuyant sur ce que disait tout à l'heure notre honorable président, à savoir que nous ne devons pas laisser sans discussion des idées apportées avec autorité à cette tribune, j'ai le devoir de répondre, tout d'abord, à ce que je viens d'entendre. (*Très bien ! très bien ! à gauche et à l'extrême gauche.*)

J'ai souvent applaudi, parfois aussi contredit, l'honorable M. Deschanel, mais je n'ai jamais senti comme aujourd'hui la différence qui sépare ses conceptions des miennes. (*Applaudissements à gauche et à l'extrême gauche.*) Jamais jusqu'ici — j'en fais l'aveu — je n'avais pensé que cette différence fût aussi profonde. (*Bruit au centre et à droite.*)

Et, d'abord, je me permettrai de déclarer à notre

collègue que je déplore qu'il ait cru devoir jeter dans ce débat cette grande idée et ce grand mot de patrie (*Exclamations à droite et au centre*) pour en faire entre nous un objet nouveau de discussion et de discorde (*Applaudissements à gauche et à l'extrême gauche, — Exclamations au centre et sur divers bancs à droite*) et surtout en invoquant à l'appui de son argumentation les paroles et les écrits d'un de nos collègues absent. (*Applaudissements à l'extrême gauche.*)

M. JULES BRICE. — Est-ce que vous les avez approuvés ?

M. D'ESTOURNELLES. — Vous me demandez, monsieur, si je les ai approuvés ? Ne croyez pas que je cherche ici à me dérober ; je vais vous répondre très franchement. Moi aussi, quand j'ai entendu ou lu les déclarations que M. Deschanel vient de nous relire et qu'il a eu tort, à mon sens, — je le répète, — de relire en l'absence de M. Jaurès, j'en ai été frappé. Ma conscience m'a poussé à en demander spontanément et personnellement l'explication, et j'ai constaté qu'il y avait certes bien loin entre le sens que leur attribuait M. Jaurès et le sens que M. Deschanel vient de leur donner aujourd'hui. (*Applaudissements sur plusieurs bancs à gauche et à l'extrême gauche. — Mouvements divers.*)

J'ajoute que je ne vois pas quel avantage il peut y avoir, si ce n'est pour l'esprit de parti, à revenir sur ces déclarations mal interprétées.

Au reste, je ne saurais souscrire, ni au point de vue de la politique étrangère, ni au point de vue de la politique intérieure, à plusieurs autres passages du discours que nous venons d'entendre ; et j'y relève particulièrement un point que je ne veux pas éluder.

M. Deschanel a fait allusion à la grande crise morale si récente dont nous sentons encore la répercussion. Cette grande crise a créé, avez-vous dit — si je vous ai bien compris, monsieur Deschanel — elle a créé entre les meilleurs Français un douloureux dissentiment. Eh bien! je ne puis vous suivre non plus sur ce terrain. (*Interruptions au centre.*)

M. LE PRÉSIDENT. — Je demande qu'on prête à M. d'Estournelles la même attention qu'on a donnée au précédent orateur.

M. D'ESTOURNELLES. — J'ai le désir de ne pas envenimer cette discussion, mais je ne puis laisser sans réponse une appréciation que je considère comme capitale, parce qu'elle révèle précisément ce qui nous sépare.

Vous avez dit, monsieur Deschanel, que cette crise avait créé entre les Français des dissentiments profonds...

M. PAUL DESCHANEL. — J'ai dit simplement : des passions ardentes.

M. D'ESTOURNELLES. — Je crois, hélas! qu'elle n'a rien créé ; elle a simplement mis à nu des différences de tempéraments et de conceptions qui existaient à l'état latent. (*Applaudissements à gauche.*)

Voilà ce qu'il y a de grave et ce qu'il faut voir.

Ne noùs faisons pas illusion sur ce point pas plus que sur d'autres ; cette crise a mis à nu la grande divergence fondamentale qui existe non seulement entre les Français, mais entre toutes les consciences humaines. (*Nouveaux applaudissements à gauche.*)

Mais je reviens au budget. Je me garderai d'encourir les reproches de mes collègues de la commission du budget qui, je le vois, ne me quittent pas des yeux, et qui m'accuseront demain d'avoir prolongé cette discussion et retardé le vote final.

Au centre. — Non ! non ! Parlez !

M. D'ESTOURNELLES. — Passons donc à la discussion même du budget.

Ici encore, j'ai le regret de ne pas être d'accord avec M. Deschanel, si je l'ai bien compris. (*Réclamations au centre et à droite.*) Mais ce scrupule est tout naturel, M. Deschanel ne m'ayant pas au préalable communiqué son discours. (*Exclamations au centre et sur divers bancs.*)

M. LE GÉNÉRAL JACQUEY. — Cela ne se fait qu'à l'Académie !

M. D'ESTOURNELLES. — M. Deschanel nous disait que nos difficultés financières avaient des causes connues, et de même que M. le ministre des finances, il semblait considérer comme passagères ces difficultés. Moi, je les crois au contraire durables ; je crois qu'elles sont le prélude de difficultés plus grandes encore qui se préparent, difficultés financières, économiques, sociales, politiques et militaires.

Et pourtant elles ont un grand avantage : elles

nous forcent à réfléchir. (*Très bien ! très bien !*) Elles nous forcent, contrairement à notre tendance et à nos habitudes, à regarder autour de nous dans les autres grands pays d'Europe et à constater que ces difficultés ne sont pas nôtres seulement, mais qu'elles nous sont communes avec ces grands pays. Et dès lors, si ces difficultés sont communes aux principaux États européens, si nous sommes obligés de le reconnaître, force nous est de penser que sans doute elles ont aussi des causes communes (*Très bien ! très bien !*), et que l'on pourrait peut-être y apporter un remède commun. (*Applaudissements.*)

Difficultés communes, causes communes, remède commun, telle est l'observation qui me frappe et que je voudrais développer.

Malheureusement, les gouvernements sont bien loin encore sinon de connaître, tout au moins d'avouer les vraies causes de leurs difficultés financières. Ils sont tous d'accord tacitement pour mettre en avant les causes qui sont spéciales chacun à son pays, celles que j'appellerai les causes secondes, mais ils font le silence sur les causes réelles, principales, communes à tous les grands États d'Europe ; et, pourtant, supprimez ces causes communes, et les causes secondes disparaîtront.

Et c'est pourquoi, contrairement à mon ami M. Deschanel, je pense que les causes de nos déficits n'étant pas connues, il faut y insister.

Pour ce qui concerne la France, M. le ministre des finances énumère avec soin dans son exposé des motifs toutes les causes secondes des derniers déficits : l'alcool d'abord et la fraude que nous réprouvons tous ; il glisse, en revanche, sur ce phénomène important : nous avons besoin de l'alcool et, en réalité, de l'alcoolisme pour équilibrer notre budget !.Triste nécessité ! Pour tout dire, la propagande anti-alcoolique est dangereuse pour nos finances; voilà où nous en sommes réduits.

L'abaissement projeté du prix du sucre est encore une des causes secondes du déficit : nous avons l'ambition, l'audace de vouloir payer le sucre un peu moins cher que par le passé, mais encore plus cher que nos voisins. Les Anglais le paient 25 à 30 centimes, tandis que jusqu'ici nous le payions 60 à 65 centimes la livre. Cela ne pouvait durer indéfiniment; on va l'abaisser à 40 centimes. Cette cause bien modeste et bien légitime du déficit a soulevé les mêmes protestations qu'il y a deux ans la suppression partielle des octrois, supprimés totalement et depuis longtemps ailleurs que chez nous.

Le fléchissement des recettes de la douane nous a aussi causé d'assez étonnantes déceptions ! cette surprise indigne notre patriotisme.

Eh quoi ! nous arrêtons les marchandises étrangères à notre frontière, nous provoquons ainsi à l'intérieur une surproduction dont vous ne savez que trop les conséquences dangereuses, nous ralentissons les échanges internationaux qui nous ont si longtemps enrichis et, cela fait, nous nous étonnons que les marchandises arrêtées n'entrent plus ; nous demandons à nos droits de douane une double et contradictoire efficacité : comme barrière et comme source de recettes ! Il faudrait choisir cependant. (*Très bien ! très bien !*)

Causes du déficit encore, les réformes et les dépenses concernant l'hygiène, l'assistance, les travaux publics, l'enseignement, etc.

Si nous dépensons quelque chose pour l'amélioration de l'hygiène en France, il faut convenir que c'est de l'argent qui nous rapporte peu de profit, car nous sommes en retard de bien des annnées sur la plupart de nos voisins et des pays civilisés en cette matière. De même il nous reste encore terriblement à faire pour rejoindre les autres pays dans le domaine de l'assistance, et pour les imiter dans les entreprises de travaux publics dont je parlerai tout à l'heure. Quant à l'enseignement, l'instituteur : voilà l'ennemi ! voilà le rongeur ! Nous connaissons ces accusations et nous savons d'où elles viennent, et si je ne craignais, à mon tour, d'être accusé de vous citer un auteur devenu subversif, le bon La Fontaine, dont les fables paraîtront peut-être à certains d'entre nous fortement entachées de socialisme révolutionnaire, je vous rappellerais la fable, plus actuelle que jamais, des « Animaux malades de la peste ».

Elle s'applique étonnamment bien aux gouvernements des grandes puissances qui ne veulent pas s'en prendre à eux-mêmes de leurs erreurs :

> On n'ose pas approfondir,
> Du tigre ni de l'ours, ni des autres puissances,
> Les moins pardonnables offenses.

On préfère accuser

> Ce pelé, ce galeux, d'où nous vient tout le mal,
> Qui tondit de ce pré la largeur de sa langue !

Et comme toujours il faut conclure avec le poète :

> Selon que vous serez puissant ou misérable
> Les jugements de cour vous rendront blanc ou noir.

Non, non, messieurs, laissons de côté les causes secondes du déficit ; ne nous en prenons qu'à nous-mêmes. La cause première, la cause commune dont on ne parle pas, mais qui n'existe que trop certainement, ce n'est ni l'instituteur, ni la propagande anti-alcoolique, ni l'abaissement du prix du sucre, c'est l'erreur, le rêve, la chimère des grands États européens ! C'est le régime de la paix armée ! (*Applaudissements à gauche et à l'extrême gauche.*)

Tout le monde le sait, à commencer par les gouvernements. Qu'aucun d'eux ne veuille s'en plaindre, soit ! On pourrait interpréter sa protestation comme un aveu de faiblesse et en abuser : mais un Européen indépendant a le droit, il a le devoir, qu'il soit Français, Allemand, Autrichien, Italien, Hongrois ou Anglais, de ne pas méconnaître, de ne pas nier une vérité qui crève les yeux de tous. (*Nouveaux applaudissements à gauche et à l'extrême gauche. — Mouvements divers.*)

Remarquez-le bien. Remarquez le système général qui consiste partout à empêcher un orateur de parler même de cette question. Je la connais très bien cette tactique de droite ou du centre, qui consiste à empêcher un orateur d'émettre ses idées, précisément parce qu'on sait qu'elles sont justes. (*Interruptions.*)

M. Ferdinand Bougère. — Vous ne pouvez pas vous adresser à nous, qui ne vous interrompons pas.

M. le comte de Lanjuinais. — Nous vous écoutons. Pourquoi vous en prenez-vous à nous?

M. d'Estournelles. — Cette politique de la paix armée est une politique paradoxale que l'on soutient aveuglément, alors que personne ici n'ose et ne peut la définir; n'est-ce pas incroyable! Et lorsqu'il se trouve un membre de cette Assemblée qui demande : « Où nous conduisez-vous? Que voulez-vous de nous? Pourquoi ces sacrifices croissants? Venez du moins nous l'expliquer ouvertement à cette tribune! » Alors, cet orateur trouve toujours et il trouvera encore plus d'une fois ces résistances que je rencontre aujourd'hui, uniquement parce que je dis la vérité, et que, cette vérité, vous ne voulez pas l'entendre. (*Applaudissements à gauche et à l'extrême gauche. — Bruit à droite.*)

C'est rendre cependant un grand service à la paix générale, à vous-mêmes, sans distinction de parti, aux intérêts agricoles. et industriels que vous représentez, au pays tout entier enfin autant qu'à l'Europe, que d'aborder loyalement ce problème, dont la solution ne peut plus être aujourd'hui différée. (*Applaudissements à gauche.*) Si vous vouliez prêter seulement l'attention qu'il mérite à un orateur qui n'apporte ici que le résumé de ses expériences, de ses méditations et de ses études, si vous vouliez entendre autre chose que des paroles, vous écouteriez ce que je veux vous dire, car je parle de vos intérêts menacés ; mais il suffit que les intérêts de la France soient identiques à ceux de l'Europe pour qu'aussitôt vous vous désintéressiez d'une question qui cesse d'être nationale à vos yeux !

Cette question de la paix armée, pourtant, domine à elle seule et nos budgets et tous les grands budgets européens ! Je m'étonne que l'honorable M. Rouvier, connu pourtant par son courage et la netteté de ses déclarations, ne l'ait pas dit d'une façon plus explicite dans l'exposé des motifs de son projet de budget.

Le paradoxe — c'est ici que le mot de M. Deschanel trouve vraiment son application — le paradoxe de la paix armée ne peut durer. Pour l'honneur même de la pensée française, nous devons en dénoncer l'impossibilité, nous Français, d'abord chez nous, pour que cette démonstration irréfutable se répande ensuite dans le monde entier. (*Applaudissements à gauche.*)

Si nous ne commençons pas, nous les premiers, personne ne commencera. Nous le pouvons, sans nous affaiblir, par ce fait, je l'ai démontré cent fois, que la France est moins menacée que ses voisins, malgré sa faible natalité, par les difficultés et les charges sous lesquelles succombe l'Europe.

Nous sommes moins menacés et par la ruine et par la révolution générale qui s'en suivra. Pourquoi ? en raison : 1° de nos réserves et de la spécialité de nos productions ; 2° parce que, chez nous, la révolution est déjà faite.

Ce qui doit nous donner la force et l'autorité nécessaires pour parler les premiers, non officiellement, mais hautement, c'est précisément ces deux privilèges que nul ne peut nous contester. Nous pouvons faire ressortir ainsi ce qui écrase l'Europe. Ce n'est pas la paix armée seulement, c'est un phénomène sans précédent, inattendu de tous : c'est la coïncidence terrible dont personne n'est responsable et dont nous pouvons, par conséquent, parler sans nous entre-déchirer, c'est la coïncidence entre la concurrence universelle survenue depuis trente années et la paix armée, qui date à peu près de la même époque.

Non pas nous seulement, mais nos voisins, mais toutes les grandes puissances européennes sont condamnées à voir diminuer simultanément leurs ressources et augmenter leurs dépenses.

La concurrence universelle ne connaît plus de distance ni d'obstacles; elle nous serre de plus en plus les uns et les autres. C'est la concurrence non seulement des mondes nouveaux, dont j'ai parlé tant de fois, mais, quel fait est plus significatif ? celle des pays qui nous avoisinent, dès qu'ils ne sont pas rivés comme nous à la paix armée. C'est la concurrence de la Suisse, de la Belgique, de la Hollande, du Danemark, de la Suède, comme celle du Canada, des États-Unis, du Mexique, de la République Argentine, du Cap, de l'Australie, des masses asiatiques, du Japon. C'est cette concurrence universelle — combien de fois le redirai-je ! — qui nous oblige à travailler de plus en plus pour gagner de moins en moins, qui réduit nos ressources dans l'industrie comme dans l'agriculture au moment même, — oh ! folie ! que nous ne voulons pas avouer ! —au moment où nous augmentons chaque année nos dépenses.

Vous la voyez, la rupture que l'on vous cache, dont on n'ose parler dans aucun pays. (*Applaudissements à l'extrême gauche et à gauche.*) Cette rupture d'équilibre, vous la voyez non pas seulement entre quelques misérables recettes et quelques misérables dépenses d'une année, mais entre notre activité et nos ressources nationales ! Qui peut le nier ? Personne.

Ce qu'il y a de dérisoire cependant, c'est la façon dont le pays se laisse tromper par des mots. On nous dit, par exemple : la paix armée n'augmente pas nos dépenses ; quoi de plus raisonnable et de plus sage, par conséquent ? Elle n'ajoute rien aux prévisions de la guerre et de la marine ; les dépenses militaires des grandes puissances ne sont donc pas augmentées.

M. Ribot. — Mais non.

M. d'Estournelles.— Attendez, monsieur Ribot, je vous en prie, laissez-moi parler. Ces dépenses restent stationnaires, dit-on ? Prenez bien garde ! Il s'est glissé dans le discours de M. Deschanel une simple phrase incidente bien intéressante à titre de parenthèse. Il nous a dit : A part le milliard des expéditions coloniales, les dépenses de la guerre et de la marine n'ont pas augmenté.

A part le milliard des expéditions coloniales, voilà qui en dit long! Ah! les dépenses de la guerre et de la marine n'augmentent pas? Vous allez voir, messieurs, que vous êtes entrés dans un engrenage...

M. PAUL DESCHANEL. — Voulez-vous me permettre...

M. D'ESTOURNELLES. — Permettez, monsieur Deschanel, pour un instant la Chambre écoute attentivement, je voudrais en profiter. (*Rires et applaudissements.*)

Nous sommes entrés dans un engrenage irrésistible; je l'ai dit bien des fois, mais, il en est ainsi du caractère français, nous ne croirons à cette réalité que lorsqu'elle se dressera devant nous, irréparable comme le fait accompli : la paix armée dévore 54 p. 100 de nos ressources; et où nous conduit-elle? Forcément, fatalement, par un sentiment trop naturel, nous ne pouvons nous résoudre à laisser sans emploi toutes ces forces inutilisées qui se consument en pure perte. Et alors entre en scène la conséquence inévitable de la paix armée, la politique mondiale. Je vois mon ami M. Étienne qui s'inquiète...

M. ÉTIENNE. — Vous ne m'inquiétez pas.

M. d'ESTOURNELLES. — Je n'ai jamais été l'adversaire de la politique coloniale, pourvu qu'on la conçoive comme je la conçois. (*Rires à droite. — Mouvements divers.*)

Un grand peuple comme le nôtre ne peut se désintéresser de la politique coloniale : il a un devoir civilisateur à remplir. Mais il ne faut pas dénaturer cette obligation et ne voir que les ambitions et la conquête dans une œuvre d'expansion civilisatrice. (*Applaudissements à l'extrême gauche et à gauche.*)

Or tel est l'entraînement inévitable de la paix armée. De même que le protectionnisme national ou nationaliste engendre infailliblement le protectionnisme colonial, infiniment plus dangereux, de même la paix armée européenne engendre les conquêtes mondiales. Et voilà comment, sans qu'il y paraisse, nous marchons vers des augmentations croissantes de nos dépenses militaires.

La politique mondiale a ouvert dans nos budgets à venir une fissure d'abord secrète, mais qui s'élargira de plus en plus et finira par doubler la source de nos dépenses. Mais ce dédoublement se fera là-bas, si loin qu'on espère que nous ne nous en apercevrons pas. (*Très bien ! très bien! à l'extrême gauche.*)

En fait — et la situation est exactement la même pour l'Allemagne — une politique indéfinissable, sans principe et sans direction, nous conduit à avoir les uns et les autres combien d'armées dorénavant. D'abord une armée de terre et une armée de mer européennes pour faire face d'un côté à l'Allemagne, de l'autre côté à l'Angleterre, et pour maintenir notre prééminence dans la Méditerranée. Mais cela ne suffit pas ; il nous faut aujourd'hui ajouter à

cette armée de terre et à cette armée de mer européennes une armée de terre et une armée de mer
mondiales, pour défendre contre les antagonismes
nouveaux, que nous sommes allés susciter sur tous
les points du globe, nos entreprises nouvelles épar-
pillées. (*Très bien! très bien! à gauche.*)

Le bon sens, la conscience d'un seul d'entre vous
peut-elle se refuser à reconnaître que, du jour au
lendemain, nous pouvons nous trouver acculés à
cette contradiction, à cette impossibilité d'avoir à
faire face à la fois d'un côté à l'Allemagne ou à
l'Angleterre, de l'autre à tous ces peuples nouveaux
mais non plus négligeables, qui grandissent, qui
marchent à pas de géants, et qui s'appellent le Canada, les États-Unis, le Mexique, le Chili, le Japon.

Encore une fois, je reconnais que nous ne pouvons nous désintéresser de la politique coloniale :
elle est une sorte de dérivatif à ce qu'il y a de plus
généreux dans l'âme et dans le sang français ; je
dirai à ceux qui la soutiennent: Courez le monde !
Car si j'ai émis des doctrines pacifiques, je vous prie
de croire que je ne suis en rien partisan, pas plus
qu'aucun de mes collègues dans cette Chambre,
d'une France humiliée ou affaiblie dont la paix, pré-
maturément désarmée, ferait une tentation, une
proie. Personne ici, n'est, je ne dirai pas assez peu
patriote, mais assez peu intelligent pour ne pas
comprendre que la France, non seulement pour se
défendre, mais encore pour trouver des alliés, doit
être forte. (*Applaudissements à gauche. — Interruptions à droite.*)

Comment concevoir, mes chers collègues une théorie différente? Nous sommes tous d'accord sur ce point, comme sur le désarmement, qui ne sera jamais possible s'il n'est pas simultané. (*Très bien! très bien!*)

Mais nous n'en sommes pas encore là ; et en attendant qu'allons-nous faire de nos armées européennes et mondiales! A quoi les occuper? comment les payer? Et comment faire face à la fois à tous les conflits qu'elles ont pour objet de prévenir, mais qu'elles peuvent aussi faire naître dans le monde entier? Il faut choisir entre tous ces conflits en perspective; il faut prévoir le moyen matériel de les régler à notre satisfaction et à notre honneur.

J'ai donc le droit, m'adressant à la grande expérience de M. le ministre des finances, de lui demander : quelles sont donc les ressources à l'aide desquelles vous comptez faire face à ces deux, à ces trois ou à ces quatre politiques contradictoires? Indiquez-moi seulement une seule ressource et je serai moins inquiet, je verrai peut-être où vous allez,

Mais personne, aucun ministre des finances n'a répondu et ne répondra pas plus ici qu'ailleurs. Peut-être M. Ribot qui me fait l'honneur, je lui en sais gré, de m'écouter, et qui doit parler demain, nous apportera-t-il une solution, une indication?

Pour ma part, je ne suis pas prêt à me contenter de vagues panacées, je ne vois qu'un seul remède :

la mise en valeur de nos ressources nationales ; il nous faut un programme économique, un plan de travail. Un plan de mobilisation ne suffit pas.

La France est riche, privilégiée, et si vous me disiez, si le ministre des finances d'aujourd'hui, celui d'hier, celui de demain me disaient : voilà quelles sont les ressources que nous comptons mettre en face de cette politique aventureuse, alors nous les discuterions. Mais on ne dit rien de semblable. Et la vérité, c'est que l'argent nous manque même pour mettre en valeur nos ressources naturelles, comme il manque aux Allemands, aux Russes, aux Anglais, aux Italiens, etc., etc. Et pourtant le moment pour nous serait si favorable ! Des hommes éloquents et dévoués, que je connais bien, ont entrepris en France depuis plusieurs années une campagne d'agitation économique qui a porté ses fruits : partout, dans tous les grands centres de France, ils ont été accueillis, écoutés, applaudis. Le gouvernement précédent n'est pas resté sourd à leur voix : le projet de grands travaux préparé par MM. Millerand et Baudin répondait aux exigences de nos embarras.

Mais malgré cette noble agitation, on ne peut donner suite aujourd'hui à ce généreux et utile projet. M. le ministre des finances a dû déclarer récemment au Sénat que la situation du budget ne lui permettait pas de suivre la voie indiquée par ses prédécesseurs ; à peine entrés dans cette voie, nous reculons, faute d'argent !

Voyez les misérables sommes consacrées aux travaux publics ! C'est ici qu'il ne faut pas se payer de mots. Si l'on considère les travaux neufs, et non les dépenses affectées au personnel et aux travaux de simple entretien, on s'apercevra que le ministère des travaux publics ne dispose pas de 3o millions pour l'amélioration de la navigabilité des rivières et des canaux, pour les ports, alors que nous payons un milliard de dépenses militaires, sans parler des dépenses coloniales.

Et il en est de même pour les dépenses de l'agriculture, restées à peu près stationnaires, comme celles du commerce et de l'industrie, depuis dix ans. Je rappelais ce mot tout à l'heure : L'instituteur, voilà l'ennemi ! Mais nos mégalomanes peuvent en dire autant de l'agriculture, du commerce, de l'industrie !

Ainsi nous ne sommes même pas en état d'entretenir nos sources de revenus, celles où doivent s'alimenter nos dépenses ! Et ces dépenses vont augmenter ! C'est à douter du bon sens d'une grande nation comme la nôtre ! Et notre seule excuse est l'égarement de nos voisins !... (*Très bien ! très bien ! à gauche.*)

Voyez d'ailleurs les résultats. Parcourez la France, voyez l'état d'abandon de nos régions les plus favorisées ; comparez-les à des régions moins heureuses dans d'autres pays. Voyez le Sud-Ouest, le Centre, le Sud-Est, la Garonne, la Loire, le Rhône ; ces régions sont abandonnées, vous les laissez retourner à leur état naturel. Cela semble incompréhensible, inconcevable, mais c'est ainsi !

Vous entreprenez toutes sortes d'aventures lointaines, et vous négligez les richesses que vous avez
sous la main. (*Très bien ! très bien ! à l'extrême
gauche et sur divers bancs à gauche.*)

M. ALBERT POULAIN. — Voilà des paroles plus
vraies que le discours précédent, qui ne contenait
que des phrases. (*Bruit.*)

M. D'ESTOURNELLES. — Il faut pourtant que ces
choses soient dites. Ce qui attriste et ce qui révolte,
c'est le superbe dédain avec lequel les hommes
plus ou moins responsables de cet abandon de
nos richesses nationales écoutent ces avertissements, ces rappels, ces cris de détresse, je puis le
dire; car il n'y a pas une région de la France qui ne
fasse et n'ait fait appel à la direction des pouvoirs
publics pour lutter sur un pied d'égalité relative
avec les nations qui nous font concurrence, pour
essayer de se régénérer, de retrouver sa prospérité,
de vivre enfin, et il n'y en a pas une seule qui ait
trouvé depuis bien des années, à cet égard, les
secours, l'encouragement tout au moins dont elle
aurait besoin. Toutes les fois qu'on agite ces problèmes, on semble parler de questions secondaires,
insignifiantes, alors qu'au contraire, ce sont les
vraies questions, les questions dont le pays se
préoccupe et dont il ne vous pardonnerait pas de
vous désintéresser. (*Très bien ! très bien ! à
gauche.*)

Pour ne citer que peu d'exemples, l'état de cette
admirable vallée de la Garonne est lamentable.
Quand on pense au jardin de fleurs, de fruits et de

légumes qu'elle pourrait être avec des transports, avec une organisation ! Et pourtant quelque chose, beaucoup, a été fait, par nos devanciers, au dix-huitième siècle ; des canaux existent, mais l'ignorance et l'indifférence des populations ont été si savamment entretenues dans le pays que des vœux nombreux ont été arrachés aux conseils municipaux des communes riveraines pour que l'on comblât ces canaux, faisant soi-disant double emploi avec la ligne des chemins de fer du Midi ! Quant à la Loire et à ses affluents, jadis fréquentés, on les voit aujourd'hui déserts, changés en obstacles, en fléaux.

M. LE COMTE DE LA BOURDONNAYE. — C'est exact !

M. D'ESTOURNELLES. — La Loire n'arrose plus, elle inonde ; on voudrait pouvoir la combler, elle aussi.

Et le Rhône ! Alors que tous nos voisins font de tels efforts pour créer des moyens de communication rapides et économiques, est-il naturel et acceptable de voir que le Rhône n'est pas relié à un grand port comme celui de Marseille ? C'est toute la France qui en souffre avec le port de Marseille !

M. HENRI MICHEL (Bouches-du-Rhône). — C'est cela !

M. D'ESTOURNELLES.—Et n'en est-il pas de même de tant de richesses accumulées et dans les Alpes et dans les Pyrénées ?

Les Alpes, comme nos régions de l'Est et du Nord, grâce à la contagion des exemples voisins, grâce aux efforts des intéressés, ne sont pas parmi les parties les plus négligées de notre territoire, mais les Pyrénées ! Je n'oublierai jamais ce cri du cœur que m'adressa le maire d'une grande ville du Midi. Personne ne s'occupe de nous, disait-il ; presque personne, si ce n'est quelques compagnies allemandes, belges, ou même américaines, ne s'intéresse à l'avenir de nos Pyrénées ; j'en suis arrivé pour mon compte — on voit bien qu'il était du Midi — à regretter l'administration romaine. (*On rit.*)

Je voudrais en finir. (*Parlez ! parlez !*)

M. LEMIRE. — N'est-ce pas la centralisation qui est cause de tout cela ?

M. D'ESTOURNELLES. — Si nous négligeons faute d'argent les ressources dont nous ne pouvons nous passer, celles que nos voisins de leur côté font pourtant de leur mieux pour mettre en œuvre, c'est la condamnation la plus irréfutable de tout notre système, de toute notre politique étrangère : c'est bien la preuve que nous sommes hypnotisés, je pourrais dire chloroformisés, par cette politique de la paix armée. Trouverons-nous cela naturel ? Notre politique étrangère est celle de l'expectative et du silence, elle ne mène à rien, elle ne sert qu'à entretenir notre ignorance ; elle ne peut pas durer. (*Applaudissements à gauche.*)

Certes, je ne suis pas pessimiste ; je n'accuse particulièrement aucun ministre ; j'ai reconnu maintes fois que l'on a fait des efforts louables, que l'on s'est trouvé en présence de difficultés très grandes, que notamment nous devons nous louer du rapprochement avec l'Italie, que l'alliance russe a fait naître et en France et en Russie de grandes et très légitimes espérances. Mais voyez, beaucoup de ces espérances se sont changées en déceptions, en France et en Russie. L'alliance franco-russe n'a pas donné ce qu'en attendaient et la France, et la Russie, et l'Europe. Pourquoi? Parce qu'en contré-balançant les forces de la triple alliance, elle établis-sait enfin, à la satisfaction de tous, un équilibre qui devait logiquement entraîner à sa suite un change-ment général de la politique intérieure et extérieure des grandes puissances européennes, Elle devait aboutir à une orientation commune de la politique étrangère européenne et, moyennant des conces-sions mutuelles, à un arrêt dans les armements : il n'en a rien été!

Notre politique étrangère est restée comme celle de toute l'Europe, incohérente en Extrême-Orient, défaillante, et à quel point, en Orient!

Quant à nos armements, loin de les limiter, on nous démontre tous les jours qu'ils sont insuffisants. On blâmait récemment le ministre de la marine de se montrer trop tiède à ce sujet, et nous entendions parler comme de choses toutes naturelles de dépenses supplémentaires pour les cuirassés, devant s'élever à 600, 700, 800 millions, chiffres bien entendu que nos voisins vont prendre pour bases de leurs suren-chères, et ainsi de suite!

Un pareil état de choses, je le répète, ne peut durer. Pour ma part, je ne serai pas complice de notre indifférence ou de notre ignorance en pareille matière. (*Applaudissements à l'extrême gauche.*)

A quoi nous mène cette politique de la paix armée? Nous pouvons juger de ce qui nous attend dans l'avenir par ce que nous avons vu dans le passé.

Cette politique de l'expectative et du silence ne peut manquer de continuer à nous donner les mêmes fruits.

Rien de plus instructif, de plus nécessaire que de relire à ce sujet les comptes rendus de plusieurs séances de cette Chambre, qui reproduisent les discussions relatives aux affaires d'Égypte. L'honorable M. Delafosse qui m'écoute ne me contredira pas. Sa présence me rappelle certaine séance du 23 ou 24 juin 1884 et celle du 26 juin, sous le ministère Jules Ferry. Il y avait alors une circonstance très favorable au règlement des difficultés qui divisaient depuis 1882 la France et l'Angleterre au sujet de l'occupation de l'Égypte. A Paris, le ministère Ferry, à Londres, le ministère Gladstone, étaient également animés de tendances libérales et conciliantes. Les deux ministères des deux pays étaient d'accord pour en finir avec la grande question de l'évacuation qui ne pouvait que se compliquer avec le temps.

Grâce à l'initiative de l'un et de l'autre, et aux efforts heureusement combinés de M. Waddington et de lord Granville, on finit par se mettre d'accord des deux côtés du détroit pour fixer à l'évacuation une date : celle de 1888. C'était un résultat. M. Jules Ferry vint l'expliquer à cette même tribune. Il fut combattu par M. Delafosse —c'était son rôle, —par

M. de Soubeyran, par Mgr Freppel, entre autres, et par M. Ribot.

Cette séance constitue le premier acte bien clair, bien saisissant de la politique que nous continuons à poursuivre. Jules Ferry s'efforçait en vain de démontrer qu'un arrangement destiné à réparer nos fautes de 1882 ne pouvait nous remettre dans une situation aussi favorable qu'auparavant, qu'il fallait faire des concessions. Il ajoutait qu'on n'avait pas le droit de mettre en doute la parole de M. Gladstone et de lord Granville qui avaient fait leurs preuves, et qui notamment avaient déjà tenu tant de promesses analogues. Peine perdue! Jules Ferry se heurta à l'opposition dont je parle et ne put obtenir de la Chambre qu'un ordre du jour de demi-confiance qui fit échouer les négociations! Regrettable succès de la politique de l'expectative; regrettable échec d'une tentative qui avait pour elle et contre elle aussi, malheureusement, d'être vraiment libérale.

Il est impossible de ne pas enregistrer les répercussions que cette faute a exercées jusqu'aujourd'hui sur notre politique. Ceux qui ont fait échouer ce jour-là l'accord des ministères Gladstone et Jules Ferry ont formulé peut-être des critiques très déguisées, mais ils ont contribué à empêcher l'évacuation de l'Égypte.

M. RIBOT. — Je ne peux pas répondre à une interpellation, mon cher collègue; quant aux affaires d'Égypte, je crois qu'il vaut mieux pour ce pays que nous ne les discutions plus.

M. D'ESTOURNELLES. — C'est plus commode, en effet. Ce n'est pas ma manière de voir : vous avez contribué à empêcher l'évacuation de l'Égypte... (*Rumeurs au centre.*)

M. JULES DELAFOSSE. — Vous ne pouvez pas dire des choses semblables. L'Angleterre nous proposait des engagements qu'elle avait la volonté formelle de ne pas tenir.

M. D'ESTOURNELLES. — Comment le saviez-vous ?

M. JULES DELAFOSSE. — Les événements l'ont démontré.

M. MAURICE SIBILLE. — A quel titre parlez-vous, monsieur d'Estournelles? Est-ce comme député ou comme ancien secrétaire d'ambassade?

Comment connaissez-vous ces choses? Est-ce par la lecture du *Livre jaune* ou par celle du *Blue-Book?*

M. D'ESTOURNELLES. — Monsieur Sibille, je vous prie de ne pas prendre à mon égard cette attitude de critique sévère : je n'ai pas besoin de vos rappels au respect du secret professionnel. Croyez que j'ai ma conscience comme la vôtre et que ce n'est ni de vous ni de personne que j'attendrai semblable observation. J'ai cité la séance du 26 juin 1884. Reportez-vous au *Journal officiel* de cette époque.

M. MAURICE SIBILLE. — Je vous demande quels sont les documents ou les faits qui vous permettent de porter ces accusations?

M. D'ESTOURNELLES. — Ne vous faites pas le défenseur de M. Ribot, monsieur Sibille : notre collègue est de taille à se défendre.

M. MAURICE SIBILLE. — Je ne me fais pas le défenseur de M. Ribot. Je me rappelle qu'un ancien ambassadeur à Londres est mort de chagrin à la suite des calomnies qui ont été dirigées contre lui, et devant son cercueil, un ministre républicain, M. Spuller, a dit : « Je salue une victime du devoir. »

M. FRANCIS DE PRESSENSÉ. — Nous connaissons l'histoire; vous ne la changerez pas par des phrases.

M. MAURICE SIBILLE. — Cela, c'est de l'histoire.

M. D'ESTOURNELLES. — Monsieur Sibille, votre interruption pourra être classée au nombre des morceaux oratoires de cette séance; mais je ne vois pas très bien ce qu'elle apporte à la clarté du débat (*Très bien! très bien! à l'extrême gauche*), car l'ambassadeur dont vous parlez était précisément le négociateur de l'accord dont je parle et qu'on a si malheureusement combattu.

M. MAURICE SIBILLE. — Je n'ai pas la prétention d'avoir fait un morceau oratoire, mais j'ai la prétention de dire clairement ce que je pense, et je constate que vous m'avez compris. (*Très bien! très bien! au centre.*)

M. D'ESTOURNELLES. — Dans tous les cas, je ne peux pas laisser dire qu'il est préférable aujourd'hui de ne pas parler de la question d'Égypte, alors qu'il est extrêmement important de faire ressortir que c'est précisément cette politique de l'expectative que nous avons pratiquée dans l'affaire d'Égypte, qui nous a conduits où nous en sommes.

M. ROULAND. — Parlez-nous du Maroc!

M. D'ESTOURNELLES. — Vous voudriez faire dévier le débat. Je ne sortirai pas de la question.

M. RIBOT. — C'est vous qui faites dévier le débat! Quand vous le voudrez, nous nous expliquerons sur ce point; mais vraiment ce n'est pas le lieu.

M. D'ESTOURNELLES. — Je vous demande bien pardon, c'est le lieu, et c'est le moment.

M. LE PRÉSIDENT. — Je demande à la Chambre de laisser M. d'Estournelles maître de sa discussion. J'ai rappelé tout à l'heure, pendant que M. Deschanel était à la tribune, que la Chambre avait pour habitude de laisser s'établir, à propos de la discussion générale du budget, un débat sur la politique intérieure et extérieure. M. d'Estournelles est donc dans son droit en discutant en ce moment la politique extérieure de la France.

M. TOURNADE. — C'est l'orateur qui interpelle ses collègues; il ne doit pas s'étonner qu'on lui réponde! Il a interpellé M. Ribot.

M. RIBOT. — Il me donne l'illusion que je suis encore ministre. (*On rit.*)

M. D'ESTOURNELLES. — Vous nous ferez partager cette illusion en répondant; mais il me semble qu'il n'y a de ma part rien d'insolite à rappeler le rôle qu'un homme politique comme vous, monsieur Ribot, plusieurs fois ministre et président du conseil, a joué dans la politique de son pays ; alors surtout que vous êtes inscrit pour parler demain dans cette discussion et que vous pourrez réduire d'un mot ce que vous considérez comme des attaques de ma part et ce qui n'est que la simple constatation historique de ce qui s'est passé. (*Applaudissements à gauche et à l'extrême gauche.*)

Ce qui a eu lieu en 1884 est la caractéristique de cette politique qui n'a abouti à rien, sinon à nous faire perdre ce que nous pouvions attendre d'une discussion loyale et d'une politique vraiment pratique.

En 1887, le ministère conservateur anglais, qui avait succédé à M. Gladstone, avait voulu lui aussi mettre fin aux embarras qu'une occupation prolongée malgré tant d'engagements contraires causait à son pays : il a cru pouvoir être plus heureux que M. Gladstone et il ouvrit avec nous, mais cette fois à Constantinople, des négociations en vue de l'évacuation de l'Égypte. Alors encore nous avons dit : « Le temps travaille pour nous ; nous pouvons attendre ; continuons à regarder les Anglais aux prises avec leurs embarras en Égypte. » Et nous avons manqué encore cette occasion, et ainsi de suite.

Eh bien ! n'ai-je pas le droit de constater que cette politique était mauvaise, et que c'est toujours la même que nous pratiquons, tantôt sur un point, tantôt sur un autre ?

Quel en a été le résultat et pour nous et pour le gouvernement allemand ? L'intérêt de ce dernier n'était-il pas semblable au nôtre ?

Le résultat est que nous avons conduit nous-mêmes, par nos propres fautes, l'Angleterre à se créer un nouvel empire des Indes en Afrique, un empire que jamais elle n'aurait osé rêver il y a vingt ans, puisqu'il s'étend du Caire au Cap ; le résultat, outre la création de cet empire, c'est l'humiliation de Fachoda et l'écrasement du Transvaal !

Tel est en deux mots le bilan de la politique de l'expectative en Égypte, politique favorisée par une indifférence et une ignorance de l'opinion qui n'ont que trop longtemps duré. (*Très bien ! très bien ! au centre et sur divers bancs.*)

Si du moins cette politique de l'expectative et du silence avait eu pour objet secret de nous préparer la solution d'une autre question, d'une question plus grave encore, si elle constituait un acheminement vers la solution de la question de l'Alsace-Lorraine, alors j'accepterais les inconvénients et les faiblesses de cette politique ; mais hélas, je n'en suis pas dupe, et personne ne peut honnêtement en être dupe ; les mêmes causes produisent les mêmes effets ; on nous achemine insensiblement au néant, de ce côté comme de l'autre, et si personne n'élevait la voix pour protester comme je le fais, la politique qui n'a été qu'une déception dans le passé ne serait aussi qu'une déception dans l'avenir. (*Applaudissements à gauche et à l'extrême gauche.*) Pour ma part, je dis bien haut que cette politique, je n'en veux pas. Elle est contraire à l'intérêt de la France, à l'intérêt de l'Europe, à l'intérêt de la paix du monde, comme tout ce qui est indéfini, négatif, sans but et sans direction. Il n'y a pas d'organisation possible de la paix normale, si différente de la paix armée, il n'y aura pas d'organisation de la paix féconde et réparatrice, telle que chaque nation européenne l'appelle de ses vœux, si les principales nations européennes ne disent pas et ne savent pas ce qu'elles veulent, si leurs gouvernements se cantonnent dans une attitude muette et indéchiffrable.

Rien n'est plus légitime en tous cas que d'affirmer hautement l'absurdité, l'impossibilité du système actuel. Rien n'est plus légitime que de démontrer que si la paix armée touche au moment où elle ne pourra plus ni se justifier, ni se définir, en revanche la politique de la paix est la seule qui convienne aujourd'hui à un grand pays européen (*Applaudissements à l'extrême gauche et à gauche*) et la seule qui nous permette d'avoir une politique financière et une politique coloniale. La chimère, le danger, le rêve, c'est la paix armée, tandis que la réalité, au contraire, c'est la paix organisée.

Cette organisation est-elle donc si difficile? Ne voyons-nous pas des symptômes d'union européenne se manifester partout, malgré vous, si je puis dire : l'union postale universelle, les bureaux d'hygiène, des chemins de fer, de statistique internationale, la conférence des sucres, innovation si importante, les puissances européennes s'étant réunies pour modifier non pas seulement leurs relations entre elles mais leur organisation intérieure respective. N'est-ce pas là un signe des temps?

Oublierons-nous jusqu'au nom de la conférence de La Haye? N'est-il pas permis tout au moins d'en rappeler le souvenir? Et n'êtes-vous pas frappés de la fréquence croissante de ces congrès internationaux dont le nombre est si grand aujourd'hui partout, dans toutes les grandes villes de France et d'Europe, et où se réunissent, sans distinction de nationalité, toutes les intelligences, toutes les activités du monde? Vous aurez beau faire, c'est là l'indication que les circonstances elles-mêmes nous fournissent l'embryon d'une fédération inconsciente, mais rapide, qui surgit partout à la fois. C'est la politique nouvelle qui se lève et bientôt s'imposera aux regards des gouvernements comme elle séduit déjà les peuples. C'est la politique vers laquelle, bon gré mal gré, par des concessions mutuelles déjà tardives de part et d'autre, il faut s'acheminer sans forfanterie, sans imprudence, conformément aux aspirations de l'Europe entière et aux besoins des temps nouveaux. (*Applaudissements à gauche.*)

M. MARCEL SEMBAT.—Vivent les États-Unis d'Europe!

M. D'ESTOURNELLES.—Qu'on ne m'objecte pas que, malgré tout, des conflits pourront toujours se produire; personne, ni dans cette Chambre, ni en France, n'a la prétention chimérique d'éviter la guerre, et chacun de nous reste prêt à verser son sang et à donner le sang de ses enfants pour la défense du territoire et pour la sauvegarde de nos droits; nous prétendons seulement rendre la guerre plus rare et plus difficile; c'est déjà beaucoup.

C'est pourquoi, pour nous rapprocher de ce but, beaucoup d'entre nous seraient heureux de voir notre gouvernement préparer la voie en se montrant favorable au principe de l'arbitrage.

Mais là encore notre politique hésitante et vague,

ou plutôt négative, est celle de l'expectative ; nous nous laissons traîner à la remorque des puissances qui répudient la cour de La Haye après l'avoir créée.

Quelle n'a pas été notre surprise et notre confusion en constatant par deux fois depuis six mois que tous les gouvernements européens, de même qu'ils sont tacitement d'accord pour ne pas parler des charges de la paix armée, s'entendent pour ne pas vouloir que l'on parle de la juridiction arbitrale qui pourrait diminuer ces charges ? Ils ne veulent pas y recourir ; ils la considèrent comme non-existante, mort-née, et il a fallu que le rappel à leurs devoirs, le rappel à l'article 27 de la convention de La Haye, leur fût adressée par le président de la république des États-Unis. (*Vifs applaudissements à gauche et à l'extrême gauche.*)

C'est là une indication bien significative. Nous en devons tirer une conclusion peu flatteuse pour notre amour-propre, mais nécessaire. Elle prouve que nos gouvernements n'ont rien compris, chez nous vieux peuples, à ce qui s'est passé à La Haye, tandis que ceux du nouveau monde sont fiers de nous montrer le chemin que nous devrions suivre, et dans lequel nous aurions dû les précéder. (*Applaudissements à gauche et à l'extrême gauche.*)

Messieurs, j'ai terminé. Je ne me suis jamais dissimulé ce qu'il y a de difficile, de pénible, d'ingrat à remonter le courant de l'indifférence et de l'ignorance ; mais je me plais à cette tâche, et, le jour où je quitterai cette Chambre, je pourrai me dire que malgré votre indifférence — qui d'ailleurs, je tiens à le reconnaître, ne vise que les questions que je traite et non ma personne, — malgré votre indifférence pour les questions générales, je vous ai forcés à entendre ces dures vérités. (*Applaudissements à l'extrême gauche et à gauche. — Réclamations au centre.*) Oui, vous les avez entendues, et M. Ribot me répondra demain, car je ne me contente pas de son sourire ou de son dédain. (*Nouveaux applaudissements à l'extrême gauche. — Réclamations au centre.*)

M. RIBOT. — Je ne voudrais pas laisser dire qu'il y a dans mon attitude l'ombre d'un dédain.

M. D'ESTOURNELLES. — Mais n'avez-vous pas ri, il n'y a qu'un instant, monsieur Ribot ?

M. RIBOT. — Je prie notre honorable collègue de penser qu'il n'y a dans mon attitude rien qui ressemble à un pareil sentiment. Tout à l'heure M. d'Estournelles voulait bien au contraire me remercier de ce que je suivais son discours avec la plus grande attention.

M. D'ESTOURNELLES. — Quand il s'agissait du passé !

M. RIBOT. — Mais quand il me demande de lui répondre demain sur tous les points qu'il vient de traiter, de faire un débat rétrospectif de politique générale intérieure ou extérieure, je me permets de lui dire — et c'était le seul sens de mon geste — que nous avons aussi un peu à discuter le budget, et demain je parlerai du budget. (*Très bien! très bien ! au centre.*)

M. D'Estournelles. — Messieurs, j'ai la prétention d'avoir parlé, moi aussi, du budget et des questions qui le dominent ; mais je ne voudrais pas clore ce débat sur une question personnelle. Je n'ai pas eu l'intention de rien dire de désobligeant pour l'honorable M. Ribot. Je croyais avoir vu dans son attitude quelque chose qui m'avait froissé. Si je m'en suis expliqué un peu vivement, je le regrette. (*Très bien ! très bien !*)

J'ai terminé. Ma conclusion sera très simple, car je ne me suis pas écarté un seul instant de la discussion du budget.

Je dis qu'il n'y a pas d'équilibre budgétaire possible avec notre politique générale actuelle — et il va de soi que j'entends par ce mot « actuelle » une période de temps bien autrement longue que la durée d'un ministère. Il n'y a pas d'équilibre budgétaire compatible avec la politique de la paix armée. Je dis qu'avec cette politique, en France, en Allemagne, en Angleterre et ailleurs, nous marchons soit à des illusions, soit à des mystifications, soit, en tout cas, à des déceptions certaines. (*Applaudissements à gauche.*)

Je tiens à avoir dit cela. Vous pourrez user vos ministres des finances : usez-les ; vous en arriverez toujours à reconnaître que vous leur demandez une tâche surhumaine. (*C'est vrai ! — Très bien ! à gauche.*) Il n'y a pas de politique financière, il n'y a pas de politique économique, pas de politique sociale, pas de politique coloniale compatibles avec les charges de la paix armée. (*Applaudissements sur les mêmes bancs.*) C'est là ce que l'opinion européenne et, avec elle, les gouvernements, doivent comprendre : c'est pourquoi ils doivent se hâter de mettre en commun leurs forces de résistance aujourd'hui gaspillées, et préparer les concessions mutuelles qu'ils peuvent se faire dans l'intérêt commun. Il n'y a plus de salut ni même d'issue pour l'Europe que dans une politique toute nouvelle, la politique des temps nouveaux, une politique d'entente féconde succédant à la politique d'antagonisme stérile et contradictoire qui nous paralyse et qui nous ruine ! (*Vifs applaudissements à gauche et à l'extrême gauche.*)

INCIDENT

Entre le discours de M. d'Estournelles de Constant et celui que prononça le lendemain M. A. Ribot, plusieurs interventions se sont produites dont nous ne devons pas manquer de faire mention, notamment celle de M. René Renoult.

A relever également une protestation intéressante de M. Francis de Pressensé en réponse au discours de M. Deschanel, protestation reprise et développée le lendemain par M. Paul Constans.

Voici cette protestation d'après l'Officiel :

INCIDENT

M. LE PRÉSIDENT. — La parole est à M. de Pressensé pour un fait personnel.

M. FRANCIS DE PRESSENSÉ. — Bien qu'ayant eu l'honneur d'être nommé par M. Deschanel, je n'aurais pas songé à demander la parole pour un fait personnel s'il s'était contenté, dans le discours savamment ordonné et préparé qu'il a prononcé devant nous... (*Rumeurs au centre.*)

M. ROGER-BALLU. — Vous ne pourrez jamais en préparer un comme celui-là !

M. FRANCIS DE PRESSENSÉ. — ...s'il s'était contenté, dis-je, d'indiquer comme l'une des causes de faiblesse de la majorité la divergence d'opinions qu'il a bien voulu constater au point de vue de la politique coloniale et de la politique étrangère entre mon honorable collègue M. Étienne et moi. C'est l'honneur et la force du parti républicain de souffrir des dissentiments, même profonds, entre hommes d'accord sur le principe fondamental.

Mais il a fait plus : il a eu recours, et je le regrette pour son talent, à ce que j'appellerai non pas un argument, mais un sophisme que nous entendons trop souvent retentir à nos oreilles. Il a établi une confusion que je veux bien ne pas croire systématique ou volontaire entre nos opinions internationalistes et le prétendu manque de patriotisme qu'il nous a attribué.

M. PAUL DESCHANEL. — Je n'ai pas dit : manque de patriotisme.

M. FRANCIS DE PRESSENSÉ. — Eh bien ! nous tenons à déclarer ici que nous sommes en effet et que nous resterons internationalistes, que nous garderons ces opinions, que nous sommes décidés à les défendre et à chercher à les faire triompher, parce que nous les croyons justes et légitimes. Nous croyons nécessaire de travailler à l'avènement dés États-Unis d'Europe... (*Applaudissements à l'extrême gauche. — Réclamations au centre et à droite.*)

M. GUILLAUME CHASTENET. — Ce sont des rêveurs comme vous qui nous ont conduits à Sedan ! (*Bruit.*)

M. FRANCIS DE PRESSENSÉ. — ...dans lesquels nous voyons le seul moyen de sortir de l'état de paix armée dont les vices et les périls vous ont été dénoncés tout à l'heure dans l'éloquent discours de mon collègue et ami M. d'Estournelles.

Nous y voyons aussi le résultat, le terme nécessaire de l'évolution économique et intellectuelle du monde civilisé actuel. (*Très bien ! très bien ! à l'extrême gauche.*)

Nous ne permettrons pas qu'on confonde ces opinions qui sont nôtres, et que nous défendrons jus-

qu'au bout, avec le manque de patriotisme. (*Très
bien! très bien! à gauche.*)

Le patriotisme est tout autre chose ; on peut être,
comme nous le sommes, internationalistes et savoir
faire son devoir quand le pays vous le demande.
Nous l'avons fait, chacun de nous l'a fait, et il y a
eu au contraire, si l'on voulait remonter dans le
passé, un grand nombre de ceux qui actuellement
se montrent si militaristes qui n'ont pas pu, ou pas
voulu faire leur devoir, tandis que nous qui sommes
internationalistes, et que l'on traite de sans-patrie,
nous le faisions. (*Applaudissements à l'extrême
gauche.*)

Sur plusieurs bancs. — Qui désignez-vous ?

M. LE PRÉSIDENT. — Ces paroles ne s'adressent à
personne dans cette Chambre.

M. FRANCIS DE PRESSENSÉ. — Cela s'adresse au
grand parti nationaliste. (*Interruptions.*)

M. GEORGES BERTHOULAT. — Vous étiez centre
gauche à ce moment-là.

M. FRANCIS DE PRESSENSÉ. — Jamais ! Vous
me confondez avec mon père ; il y a une distinction, au point de vue politique, vous en con-
viendrez.

M. AUDIGIER. — M. Jaurès l'a été.

M. FRANCIS DE PRESSENSÉ. — Oui, mais moi je
ne l'ai jamais été. J'ai été et je suis internationaliste et je tenais à déclarer ici que nous ne souffrirons pas qu'on établisse une confusion de ce genre,
parce que cela est injuste, parce qu'il y a d'autres
internationalistes, qui ne sont pas internationa-

listes comme nous au point de vue de la fraternité des peuples et de la solidarité des classes, mais qui sont internationalistes parce qu'ils ont un souverain au dehors ; nous ne leur reprochons pas pourtant le manque de patriotisme. (*Très bien ! très bien à gauche ! — Interruptions à droite.*)

Nous ne le souffrirons pas non plus parce qu'il nous semble un peu étrange, à nous, les descendants des patriotes de 1792 et de 1793... (*Applaudissements à l'extrême gauche. — Bruit à droite.*)

M. LE COMTE DU PÉRIER DE LARSAN. — Ceux-là vous auraient fait couper la tête.

M. TOURNADE. — Ils n'étaient pas internationalistes.

M. FRANCIS DE PRESSENSÉ. — ...il nous semble un peu étrange, dis-je, de recevoir des leçons de patriotisme des descendants de l'armée de Condé et des défenseurs de Quiberon. (*Applaudissements à l'extrême gauche. — Bruit au centre.*)

Tout à l'heure M. Deschanel faisait allusion à cette grande crise qui, comme il l'a dit, a divisé les consciences dans ce pays et creusé en effet un abîme entre la conscience de certains Français et la conscience des autres partis. Il n'y a en vérité que ceux qui sont restés neutres dans ce grand débat qui n'en aient peut-être pas compris toute la portée. (*Très bien ! très bien ! à l'extrême gauche.*) Nous avons vu, à ce moment-là, ce qu'il pouvait nous en coûter de laisser s'accréditer des légendes du genre de celle qu'on a essayé encore aujourd'hui de répandre de cette tribune.

Nous avons vu les nationalistes essayer de spéculer sur l'ignorance populaire et tenter de faire croire que nous étions, nous, des ennemis de la France, des sans-patrie, alors que nous étions dans cette cause les représentants de la justice. (*Réclamations à droite et sur divers bancs. — Applaudissements à gauche et à l'extrême gauche. — Bruit.*)

Nous qui nous étions engagés à plein corps dans cette grande œuvre de justice, nous avons failli ne pas pouvoir l'accomplir à cause des calomnies systématiques qui étaient répandues contre nous. Eh bien ! nous ne souffrirons pas qu'on vienne les reproduire à cette tribune...

M. ARCHDEACON. — Il y a chose jugée ! On ne peut pas laisser dire cela !

M. FRANCIS DE PRESSENSÉ. — ...et chaque fois qu'on les apportera ici nous viendrons les clouer sur cette tribune. (*Applaudissements sur divers bancs à gauche et à l'extrême gauche. — Bruit au centre et à droite.*)

M. LE PRÉSIDENT. — L'incident est clos.

Séance du mardi 20 Janvier 1903

Présidence de M. Étienne

DISCOURS DE M. A. RIBOT

DISCOURS DE M. A. RIBOT

M. Ribot. — Je demande la permission à la Chambre d'examiner aussi brièvement et aussi simplement que je pourrai, comme je l'ai fait l'année dernière, la situation générale de nos finances et le budget qui nous est proposé.

Je crois que la Chambre me rendra cette justice que, l'an dernier, dans les développements auxquels je me suis livré, je n'ai apporté ni passion, ni faiblesse. Quand nous parlons d'intérêts aussi considérables que ceux que nous débattons en ce moment, nous devons tous apporter à l'examen de ces grandes questions cet état d'esprit dégagé de toute hostilité et de tout parti pris. (*Très bien ! très bien ! au centre.*)

La Chambre m'a écouté l'an dernier avec une bienveillance dont je lui suis toujours profondément reconnaissant. Il y avait peut-être de sa part un peu de parti pris d'optimisme, qui faisait qu'elle n'entrait pas aussi facilement que je l'aurais voulu dans les idées que je me permettais de lui soumettre. Nous étions trop près des élections à ce moment; aujourd'hui, nous avons tous la liberté de parler franchement. J'en userai, comme j'en ai usé l'année dernière; mais je tiens à remercier tout d'abord et le Gouvernement et la commission du budget, dans la personne de M. le rapporteur général, de l'effort sincère qu'ils ont fait pour mettre nos finances dans leur véritable jour. (*Très bien! très bien!*)

L'an dernier, je me permettais de faire des prévisions et de dire à la commission du budget : ce budget que vous nous proposez sera en déficit à peu près certain de 80 à 100 millions parce que les évaluations qu'on y avait mises étaient supérieures d'environ 100 millions aux résultats de l'année 1901 qui venait de s'achever, qu'on connaissait, et aussi parce que, le mouvement des revenus publics étant plutôt descendant qu'ascendant, il était manifeste qu'à moins d'un revirement brusque, que rien ne permettait de prévoir, surtout dans les recettes des douanes et de l'alcool qui avaient été particulièrement majorées, nous aurions à la fin de l'année un déficit qui correspondrait exactement à la majoration que l'optimisme de la commission avait cru pouvoir défendre à cette tribune.

Me suis-je trompé? Ai-je bien vu quel était le résultat probable, certain même? Prenez les résultats de l'année 1902, faites le total de toutes ces moins-values qui se sont accusées dans les bulletins mensuels, et qui ont pu porter quelque préjudice, je ne dirai pas à la République, mais à l'idée qu'on se fait dans le pays de l'ordre de nos finances. Il eût mieux valu assurément qu'on fît un budget qui ne donnât pas prise à ces critiques et ne légitimât pas, même dans la plus faible mesure, ces attaques, que je réprouve de toutes mes forces, qui ont été dirigées contre le crédit de la France, contre la sécurité des caisses d'épargne. (*Très bien! très bien! au centre et à gauche.*) Si on nous avait apporté le budget sincère que j'avais demandé, il n'y aurait pas eu de prise pour ces attaques et ces calomnies. (*Applaudissements.*)

J'ai eu raison, je le dis aujourd'hui, non pas pour triompher — je ne triomphe pas de ces sortes d'erreurs, j'en souffre avec vous tous — mais je le dis parce qu'il faut que le passé serve de leçon pour l'avenir, que nous soyons plus prudents, plus sincères dans les évaluations que nous soumettons au pays.

Eh bien! oui! Il y a eu 80 millions de déficit; c'est ce que j'avais dit, et ce déficit apparaît là où il était manifeste qu'il apparaîtrait. Il y a 52 millions de moins sur les douanes qui ont été majorées dans des proportions folles, il y a 49 millions de moins sur l'alcool, il y a aussi 12 millions de moins sur l'enregistrement, et cependant les successions ont donné largement, elles ont donné 18 millions de plus-values, mais on leur en demandait 25 ; elles n'ont pas pu répondre à l'appel pressant qu'on leur adressait. Et si nous n'avions pas eu 10 millions de plus-values sur le timbre des valeurs mobilières et 18 millions environ de plus-values sur les monopoles, le déficit serait encore beaucoup plus fort.

Il est de 89 millions et de quelques centaines de mille francs à l'heure où je parle.

M. LE RAPPORTEUR GÉNÉRAL. — De 87 millions.

M. RIBOT. — 87 millions, plus 2 millions sur les recettes diverses, sur les recettes d'ordre qui ne sont plus comprises dans l'état général, mais qui, évidemment, sont également des moins-values.

Il y aura, en fin d'exercice, un découvert que M. le rapporteur évalue aujourd'hui à 115 millions. J'accepte son chiffre; je ne le discute pas.

M. LE RAPPORTEUR GÉNÉRAL. — C'est une probabilité.

M. RIBOT. — Bien entendu; je ne discuterai pas ce chiffre, auquel s'ajoutent 64 millions d'emprunts et, par conséquent, l'exercice 1902 se soldera par un déficit total de 179 millions, soit, en chiffre rond, 180 millions. Voilà la vérité, sans exagération, qui se dégage des chiffres et que personne ne peut contester.

Ce déficit s'ajoute au déficit de l'année précédente, qui elle-même a été mauvaise.

M. le ministre des finances, dans son projet de budget, évaluait à 140 millions le découvert de 1901. Le règlement définitif, qui est déposé et va nous être distribué dans quelques jours, si je ne me trompe, le ramène à 125 millions. 125 plus 115 millions, cela fait 240 millions qui représentent le découvert des deux derniers exercices.

M. JOSEPH CAILLAUX. — Il faut mettre en parallèle l'amortissement.

M. RIBOT. — Non, monsieur Caillaux, je ne mets

pas en parallèle l'amortissement ; je n'en parle pas
à dessein, parce que, vous le savez très bien, il y a
hors budgets des dépenses qui balancent à peu
près les amortissements, d'ailleurs de plus en plus
faibles, contenus dans nos budgets.

M. Joseph Caillaux. — Je demande la parole.

M. Ribot. — Je m'en réfère au rapport même
que vous adressiez à M. le Président de la République à la veille des élections et dans lequel vous
constatiez vous-même qu'il y a concordance à peu
près absolue entre les dépenses faites hors budgets
et les amortissements. A moins que vous ne vouliez
rééditer à cette tribune — mais je suis peu d'humeur
à engager un débat de doctrine financière — cette
théorie que les charges que nous assumons pendant
cinquante ans vis-à-vis des compagnies de chemins de fer ne constituent pas une augmentation
de la dette.

M. Joseph Caillaux. — Voulez-vous me permettre un mot, monsieur Ribot ?

M. Ribot. — Certainement.

M. Joseph Caillaux. — Je ne suis pas plus que
vous d'humeur à engager un débat de doctrine
financière. Vous avez déjà, dans la séance du
9 décembre 1901, à laquelle vous faisiez allusion il
y a un instant, attaché à ma pensée et à la forme
dans laquelle je l'ai exprimée, cette interprétation qui, permettez-moi de le dire, est tout à fait
inexacte.

Ce que j'ai dit, ce que je répète, ce que je maintiens, c'est que les compagnies de chemins de fer,

en même temps qu'elles empruntent pour notre
compte, amortissent pour notre compte, et qu'elles
amortissent des sommes supérieures à celles qu'elles
empruntent ; et ici je puis m'emparer d'une interruption de M. Maurice Rouvier, alors député, qui
scandait la vérité de mes observations.

Ce que je dis et ce que je répète, c'est que cette
année, par exemple, quand les compagnies de chemins de fer empruntent, d'une part, 44, 50 ou
60 millions, en même temps elles amortissent,
d'autre part, 90 ou 100 millions. Par conséquent,
mettre en balance l'amortissement que nous faisons
dans nos comptes budgétaires avec l'emprunt qui
est fait par les compagnies de chemins de fer et qui
est compensé et au delà balancé par les amortissements qu'elles font, ce n'est pas tout à fait exact.
Voilà toute la théorie.

M. RIBOT. — Mon cher collègue, je suis toujours
heureux de vous entendre rééditer à cette tribune
cette théorie que vous avez apportée avec une
grande élégance de langage. Permettez-moi de
vous dire que vous n'y avez pas vous-même une
grande confiance, car, dans le rapport à M. le Président de la République, vous avez soin de dire que
c'est une théorie plausible, — d'autres diraient probable, — mais que c'est la moins sûre des deux.
(*Sourires au centre.*)

Et, en effet, messieurs, vous voyez bien le vice,
le défaut de raisonnement de notre excellent collègue. Si les compagnies de chemins de fer amor-
tissaient pour notre compte immédiatement, son

raisonnement serait vrai. A une charge immédiate
et qui sera prolongée jusqu'à l'expiration de la
concession, dont tous nos budgets subiront la répercussion pendant cinquante ans, si un amortissement immédiat pouvait répondre, vous auriez le
droit de dire : il y a balance entre l'amortissement
et la création de dettes nouvelles.

M. Joseph Caillaux. — C'est cela !

M. Ribot. — Mais ce n'est pas ce qui existe.
L'État ne bénéficiera de l'amortissement de la
compagnie qu'à l'expiration de la concession, vous
le savez très bien. Si nous faisons des finances en
regardant une perpective de cinquante ans, nous
sommes les plus imprévoyants des hommes. Savons-
nous ce qui se passera d'ici cinquante ans? Savons-
nous ce que seront devenus les chemins de fer ?
Nous sommes obligés aujourd'hui de considérer les
années qui sont devant nous, et, quand nous faisons le compte des charges de l'État, il s'agit des
charges que la génération présente et celle de
demain auront à supporter. Vous ne compensez
ces charges par aucun amortissement, puisque ce
sont des amortissements dont le bénéfice est reculé
à une échéance de cinquante ans.

Mais je ne veux pas m'attarder à des discussions
purement théoriques. Laissons ce côté, si cela peut
vous donner satisfaction. Votre théorie peut se
défendre. Je vous en donne acte. J'ai bien d'autres
choses à dire sur les résultats de ces dernières
années. Ces découverts à la charge de la dette flottante ne représentent pas, en effet, l'augmentation

de la dette qui s'est produite pendant ces deux années. L'augmentation est bien plus considérable que ce chiffre de 240 millions.

Il faut, à ces 240 millions, d'abord ajouter au budget de 1901 les 64 millions d'obligations sexennaires. Il faut ajouter 61 millions, que M. le ministre des finances a été autorisé, par la loi de la conversion, à emprunter pour décharger d'autant les exercices qui auraient dû avoir la charge transitoire de la réduction d'intérêt.

M. Paul Doumer, *président de la commission du budget.* — Cela fait double emploi.

M. Ribot. — Non! pas du tout. Puis il y a l'emprunt de Chine de 265 millions. Je l'ai voté et défendu à cette tribune. Mais que nous disait-on à ce moment? On nous disait que cet emprunt ne chargerait pas la dette d'une façon définitive parce que, à la dette même, correspondraient les versements d'annuités par la Chine et que l'amortissement était assuré par l'opération elle-même.

Qu'est devenue cette promesse de l'honorable M. Caillaux qu'a confirmée l'honorable M. Rouvier? Je vous ai posé la question, monsieur le ministre, lors d'une discussion des crédits supplémentaires.

Je ne vous en fais pas un grief; la force des choses est plus puissante que votre volonté.

M. Maurice Rouvier, *ministre des finances.* — J'aurais augmenté d'autant le découvert.

M. Ribot. — Vous avez raison; il n'en est pas moins vrai que c'est 265 millions que vous ajoutez à la dette perpétuelle puisqu'on noie dans les ressources générales du budget les 11 millions que la Chine nous paye et que peut-être elle réduira à cause de la baisse de l'argent — je ne sais où en est la question. Donc on les noie dans les ressources générales du budget. C'est ce que je disais à l'honorable M. Hubbard, rapporteur du projet d'emprunt. La dette sera perpétuelle, et la ressource sera temporaire et noyée dans les ressources générales du budget.

Le résultat est clair, net, limpide : nous avons augmenté en deux ans notre dette publique de 630 millions. Voilà le chiffre rigoureusement exact.

M. LE RAPPORTEUR GÉNÉRAL. — Je vous demande pardon.

M. RIBOT. — 240 millions de découvert à la dette flottante, 64 millions d'obligations sexennaires, 61 millions et 265 milions de rente perpétuelle, cela fait, si je ne me trompe, 630 millions.

M. LE RAPPORTEUR GÉNÉRAL. — Vous faites un double emploi.

M. LE PRÉSIDENT DE LA COMMISSION. — Les 61 millions empruntés ne pourraient que dégager la dette flottante et décharger d'autant les 240 millions dont vous parlez.

M. RIBOT. — Du tout ! il n'y a pas double emploi ; la dette flottante doit supporter aujourd'hui le découvert de deux exercices, soit 240 millions ; elle supporte en outre la partie de l'emprunt qui n'a pas été émis ; les 61 millions payés à titre de soulte aux porteurs de rente 3 1/2 p. 100. Il faut ajouter l'em-

prunt de Chine, 265 millions et les 64 millions
d'obligations sexennaires.

Nous discuterons ces chiffres quand vous voudrez ; il ne peut y avoir de doute et je maintiens
mon observation : c'est 630 millions ajoutés à la
dette publique dans les deux années. Voilà la
vérité. (*Très bien ! très bien ! au centre.*)

Messieurs, je n'exagère pas, je n'ai ici aucun
intérêt de parti, je cherche à me rendre compte de
la réalité des choses.

En nous léguant ce supplément de dette, la dernière Chambre, dont je ne veux pas décliner pour
ma part les responsabilités — j'ai été associé à ses
votes, j'en prends ma part, et ce n'est pas un acte
de parti que je fais contre elle rétrospectivement
surtout — la dernière Chambre nous a transmis un
budget alourdi de 250 millions.

C'est de là que vient aujourd'hui la difficulté
extrême qu'éprouve M. le ministre des finances à
nous présenter un budget en équilibre ; 250 millions
en quatre ans, je l'ai dit l'an dernier, je le répète
à cette tribune, c'est beaucoup trop, c'est plus que
n'en peut supporter le budget d'une nation comme
la nôtre, si riche qu'elle soit en ressources, en force
et en travail.

Je sais qu'il y a des circonstances atténuantes,
je ne les conteste pas, j'en veux moi-même faire
état, parce qu'il faut dire la vérité. Nous avons
eu d'abord les plus-values des premières années
de la législature, qui ont été de 113, 120 et 140 millions.

Comme on peut avoir de l'imagination même en matière de finances, comme l'imagination joue partout un grand rôle, les assemblées, parfois même les ministres, sont entraînés à penser que les plus-values seront éternelles.

On a beau lire les statistiques, les tableaux graphiques que M. le ministre des finances nous a fait distribuer et dans lesquels on voit une loi qui fait succéder les années de déficit aux années d'excédent : quand on nage dans l'opulence, on se figure qu'on n'a rien à apprendre, qu'on peut continuer une vie facile, augmenter ses dépenses et son train de maison. (*Applaudissements.*)

C'est là une première cause d'entraînement. Tâchons d'en faire notre profit. Je ne suis pas sûr que si demain les plus-values revenaient avec la même abondance, nous serions plus sages que nous ne l'avons été il y a quatre ans. (*Nouveaux applaudissements.*)

Il y a une seconde raison, c'est que nos finances, pendant ces quatre ans, ont subi le contre-coup de certains incidents de notre politique extérieure sur lesquels je ne veux pas insister. Hier, l'honorable M. d'Estournelles m'invitait avec une insistance qui m'a un peu surpris, à discuter à propos du budget, toute la question d'Égypte et à justifier des paroles que, comme simple député, non pas comme membre du Gouvernement, j'aurais prononcées en 1884.

Je crois pouvoir dire à l'honorable M. d'Estournelles que ce n'est pas le lieu et qu'il n'y a pas d'intérêt national à reprendre en ce moment une discussion sur l'affaire d'Égypte : il y a des moments où il faut parler, mais je me permets de dire à l'honorable M. d'Estournelles qu'il y a des moments où il vaut mieux se taire. (*Applaudissements au centre.*)

Et, bien que je ne veuille pas mêler aux grands intérêts que nous discutons en ce moment quoi que ce soit qui ressemble à une apologie personnelle, il me permettra de lui dire qu'après une vie aussi longue que la mienne, je n'ai pas l'orgueil de penser que je n'ai jamais commis de faute : j'en ai commis dans ma vie politique, mais dans cette affaire d'Égypte je ne crois pas vraiment avoir perdu de vue l'intérêt supérieur de mon pays. (*Très bien ! très bien ! au centre.*)

Je vois à son banc mon collègue et ami M. Sarrien : nous étions ensemble à la commission — il la présidait — qui a examiné en 1882 les crédits demandés par M. de Freycinet pour aller occuper les bords du canal de Suez ; il peut se rappeler comme moi, et douloureusement se rappeler quel mal peut faire aux intérêts d'un grand pays comme le nôtre l'esprit de parti, quand il s'introduit dans les questions de politique extérieure. (*Applaudissements au centre.*)

C'est de ce jour que date tout le malheur de notre politique. Je me fais un titre d'honneur, qui me vaut au moins, je crois, le respect de la Chambre et de mes contradicteurs, d'avoir résisté autant qu'il était en mon pouvoir : quand la question est venue devant la Chambre, il n'y a eu que soixante-quinze députés pour voter les crédits ; mais j'en étais. (*Vifs applaudissements au centre.*)

Allons-nous, en ce moment-ci, chercher d'où est sorti l'incident de Fachoda? qui en est responsable? Laissons toutes ces polémiques, laissons toutes ces récriminations stériles ; bornons-nous à constater qu'en effet la législature précédente a eu à souffrir du contre-coup de ces incidents et qu'on a été acculé, entraîné à des dépenses qu'on n'a pas pu mesurer parce qu'en les faisant trop vite on ne pouvait pas les faire économiquement et sagement. (*Applaudissements au centre.*)

Voilà une seconde circonstance atténuante.

Il y en a une troisième, que M. le ministre des finances fait ressortir par un petit tableau annexé au budget ; c'est la contagion des dépenses de certaines nations voisines. Oui, tous ces accroissements de dépenses sont contagieux; nous nous laissons entraîner, et nous avons tort de nous laisser entraîner ; nous devons résister, parce que nous sommes dans une situation qui ne nous permet pas les folies, les imprudences, parce que nous avons une dette supérieure à celle de tous les pays voisins sauf une seule exception, l'Italie, parce que nous avons dans notre budget — vous pouvez l'étudier comme je l'ai fait — moins de réserves que certains pays voisins, avec lesquels nous sommes en concurrence, comme l'Allemagne. Nous avons moins de réserves parce que nos impôts sont beaucoup plus lourds, parce qu'on a demandé déjà à presque toutes les branches de l'impôt beaucoup plus que dans les pays voisins et aussi parce que notre population n'augmente pas, alors qu'elle s'accroît si rapidement à nos portes. (*Très bien ! très bien ! au centre.*)

Il ne faut jamais oublier ceci, mes chers collègues. Quand je vois dans ce petit tableau que les dépenses de l'Angleterre ont augmenté de 107 p. 100 en dix ans...

M. LE MINISTRE DES FINANCES. — Je n'ai pas parlé de l'Angleterre.

M. RIBOT. — ...celles de l'Allemagne de 52 p. 100, je me dis que celui qui lirait ce tableau pourrait conclure que nous pouvons nous donner carrière, que puisque l'Allemagne a augmenté ses dépenses de 52 p. 100, nous pouvons bien augmenter les nôtres de 30 ou de 40 p. 100. Mais ces comparaisons sont décevantes ; elles ne sont pas vraies.

J'ai beaucoup admiré l'Angleterre, au point de vue financier, quand elle était gouvernée par Gladstone ; mais qu'est-elle devenue aujourd'hui ? La dernière période, celle de 1881 à 1891, avait été encore admirable ; les dépenses n'avaient augmenté que de 110 millions en dix ans, et la dette avait été réduite, vous savez dans quelles proportions. Mais la dernière période est le reflet d'une toute autre politique. Je ne sais pas ce que l'Angleterre y gagne ; mais je sais ce que nous y perdons. Nous avions considéré jusqu'alors cette admirable politique dont Gladstone était le représentant le plus illustre comme le modèle que nous devions nous proposer. Aujourd'hui, je ne vous le propose plus,.

quoique j'admire encore les grandes qualités de l'Angleterre ; je ne vous propose plus d'admirer ses finances et la manière dont elles ont été conduites (*Applaudissements au centre*), ni l'augmentation de la dette nationale, ni cette augmentation effrayante des dettes municipales qui ne peut pas être pour vous un exemple, je m'empresse de le dire. Non, l'Angleterre n'offre plus un exemple, mais elle a sur nous encore cet avantage que sa population s'est considérablement accrue et que sa dette, quoiqu'elle ait été augmentée, dans ces dernières années, juste de la somme dont la politique prévoyante des cabinets précédents l'avait allégée, est singulièrement inférieure à la nôtre, puisque le 30 mars 1902, le chancelier de l'Échiquier constatait qu'elle ne dépassait pas 16 milliards et demi.

Quant à l'Allemagne, si vous voulez faire une comparaison, vous ne pouvez pas prendre uniquement le budget de l'Empire, parce que là seulement sont les dépenses militaires ; il vous faut considérer l'ensemble des budgets qui correspondent au budget unique de la France. Ces budgets-là ne sont pas comparables au nôtre, par la raison fort simple que, dans la totalité des budgets allemands, il y a 2 milliards de dépenses productives, concernant l'exploitation des mines et des chemins de fer d'État. (*Très bien ! très bien ! à l'extrême gauche.*) Oh ! ne triomphez pas si vite, messieurs.

Quand ces dépenses augmentent et si elles augmentent de 50 p. 100 en dix ans, loin d'être une cause d'affaiblissement pour l'Allemagne, elles sont au contraire, pour elle, une cause d'enrichissement (*Très bien ! très bien ! sur les mêmes bancs*) ; car le revenu net des chemins de fer seuls dans l'empire allemand est supérieur à l'ensemble des intérêts de toute la dette qui ne dépasse pas 16 milliards. Par conséquent, on a le droit de dire que l'Allemagne, à cette heure, n'a pas de dette, ou du moins qu'elle n'en porte pas la charge. (*Sourires à l'extrême gauche.*)

Oh ! je vois qu'on m'interrompt par des sourires de ce côté (*l'extrême gauche*). Je ne sais si M. Bourrat est là...

M. JEAN BOURRAT. — Parfaitement !

M. RIBOT. — Vous êtes toujours à votre poste. (*On rit.*) Je m'étais dit que j'allais vous faire plaisir, mais que j'allais peut-être aussi vous causer une certaine déception. Vous allez nous dire — et je ne veux cependant pas vous fournir d'arguments, car vous êtes un homme terrible — (*Nouveaux rires*) : Pourquoi donc ne rachetez-vous pas les chemins de fer, puisque vous pourriez payer avec les recettes des chemins de fer toutes vos dépenses ?

Il n'y a qu'un inconvénient, c'est qu'à l'heure présente, si nous rachetions les chemins de fer, nous serions obligés de payer une annuité suffisante pour faire le service des intérêts des obligations et des actions, et dès lors nous n'aurions de bénéfices à espérer que si nous pouvions exploiter à moindres frais que les Compagnies.

M. PLICHON. — C'est là toute la question.

M. RIBOT. — C'est, en effet, là toute la question.

M. Bourrat. — Voulez-vous me permettre un mot ?...

Aussi bien je ne monterai pas à la tribune, puisque j'ai renoncé à prendre la parole dans la discussion générale pour ne pas allonger le débat.

J'affirme — et je le démontrerai à la Chambre lorsque la discussion prochaine sur le rachat aura lieu, — que la somme à inscrire au budget pour parfaire l'annuité du rachat sera toujours très inférieure aux sommes que nous votons annuellement pour la garantie d'intérêts.

J'évalue en effet à une dizaine de millions l'économie annuelle qui proviendrait des frais actuels de direction sur les trois réseaux Ouest, État, Midi, qui seraient rachetés. Si l'État continuait à servir des garanties d'intérêts aux compagnies de l'Ouest et du Midi, étant donné que leur gage est inférieur à leur dette d'un nombre considérable de millions, il serait dans la situation d'un prêteur qui continuerait à avancer des fonds à un insolvable. Quand un particulier se conduit de cette façon, le tribunal lui donne un conseil judiciaire.

Il s'agit de savoir si la Chambre voudra continuer à verser des garanties d'intérêts alors qu'elle sait que les compagnies de l'Ouest et du Midi ne pourront pas rembourser. (*Applaudissements sur divers bancs à l'extrême gauche.*)

M. Ribot. — Je constate que les applaudissements qui accueillent les paroles de M. Bourrat ne sont pas très inquiétants. Cependant, on fait circuler des rapports qui présentent comme imminent, comme prochain, le rachat des compagnies de chemins de fer. Nous le discuterons à cette tribune.

M. JEAN BOURRAT. — Parfaitement.

M. RIBOT. — Pour moi ce serait une aventure et peut-être un désastre financier. Si vous aviez construit les chemins il y a cinquante ou soixante ans avec des emprunts d'État, et si vous pouviez profiter aujourd'hui de la réduction d'intérêt résultant des conversions si, touchant 4 1/2 ou 5 p. 100 de revenu sur le capital engagé dans les chemins de fer, vous n'aviez à payer aux créanciers de l'État que 3 p. 100, évidemment vous profiteriez de la différence. Mais vous n'avez pas fait cette opération il y a cinquante ans, nous n'existions ni l'un ni l'autre.

M. JAURÈS. — Vous y étiez, monsieur Ribot.

M. RIBOT. — Je n'étais pas dans les Chambres françaises il y a cinquante ans. Si âgé que je sois, monsieur Jaurès, par rapport à votre jeunesse, je ne suis pas encore aussi vieux que vous le pensez. (*Rires.*)

A l'heure actuelle, l'opération du rachat consiste purement et simplement à prendre à la charge de l'État tous les risques de l'exploitation. Quelque confiance que j'aie dans l'habileté de l'État en toutes choses, je me permets de penser que ce n'est pas là une opération que la prudence puisse conseiller.

Nous reprendrons cette question plus tard si vous le voulez ; ce n'était qu'un incident.

Je reviens à ce que je disais.

Par cela même que l'Allemagne a des ressources que nous ne possédons pas, elle a été obligée de demander moins que nous à l'impôt. Il y a dans presque toutes les branches d'impôts de l'Allemagne, dans ce grand pays, notre voisin — des réserves que nous n'avons plus.

J'ai lu avec le plus grand intérêt le dernier numéro du *Bulletin de statistique* du ministère. On y trouve des tableaux extrêmement instructifs que vous lirez tous, j'en suis sûr, et qui sont empruntés à l'office de statistique allemand. Vous y verrez que les impôts sur le revenu et impôts directs cumulés représentent en Allemagne une somme par tête d'habitant qui est juste la moitié de celle que nous payons au moyen de ces contributions directes si attaquées chez nous. Vous y verrez que l'impôt sur le revenu, d'où l'on espère tirer en France des merveilles financières et des produits bien supérieurs à ceux de nos contributions directes, donne en Prusse 262 millions, alors que nos impôts directs, avec l'impôt des valeurs mobilières, représentent à peu près 630 millions.

Prenons maintenant l'enregistrement. En Allemagne, le produit est inférieur de 100 millions à celui que nous percevons en France.

Prenons les successions et donations, nous obtenons cette année à peu près 240 millions....

M. Paul Constans. — C'est une question de mortalité.

M. Ribot. — L'Allemagne en tire 30 millions, et il n'y a pas d'impôt sur les successions en ligne directe ; c'est donc pour l'avenir une réserve que nous n'avons plus.

Si vous envisagiez les impôts de consommation,

vous verriez qu'ils sont également moins lourds dans les pays voisins que chez nous où nous avons été obligés de faire état de presque toutes les ressources qui sont contenues dans nos budgets. Par conséquent, lorsqu'on veut comparer, il faut toujours avoir présent à l'esprit que nous ne sommes pas dans une situation analogue à celle des pays voisins qui, s'ils font des folies, ils ont tort assurément, mais ils peuvent en faire sans compromettre irrémédiablement l'avenir parce qu'ils ont une marge que nos gloires passées et les grands sacrifices faits au nom de la France ont malheureusement épuisée chez nous.

Je dis, et tous les patriotes doivent dire avec moi, que nous n'avons pas moralement, vis-à-vis des générations qui viendront après nous, le droit d'augmenter encore cette dette de 3o milliards qui pèse si lourdement sur nous.

Nous sommes donc obligés, malgré tous les exemples qu'on invoque, malgré toutes les excuses qu'on peut faire valoir, d'être prudents et sages et de ne plus laisser grossir les dépenses autant qu'elles l'ont fait au cours de la législature précédente. (*Applaudissements au centre.*)

C'est de là que sont venues toutes les difficultés de l'heure présente.

M. le ministre des finances a eu une tâche extrêmement difficile à remplir, de nature à le faire hésiter. J'ai eu moi-même l'honneur d'être ministre des finances, mais si j'avais été chargé de faire ce budget que M. Rouvier nous apporte, j'aurais senti comme lui la quasi-impossibilité d'établir l'équilibre. Mais enfin il nous apporte un budget, il faut le juger avec cette idée que les difficultés étaient fort grandes, sinon insurmontables. C'est la vérité ; un autre n'aurait pas fait mieux assurément.

Il y avait d'abord les majorations d'évaluations qui avaient été consenties si imprudemment dans le budget précédent ; il fallait les faire disparaître. L'exposé des motifs dit qu'elles atteignaient 76 millions. Toutes compensations faites, ce chiffre est inexact et il est inexact à votre détriment, monsieur le ministre. Il y avait en réalité à peu près 100 millions de majorations à faire disparaître. Il y avait en outre 64 millions d'emprunt — si l'on se décidait à les supprimer; — et il y avait 22 millions pour les sucres qu'il fallait encore retrancher des évaluations, par suite de la conférence de Bruxelles que vous avez approuvée, messieurs.

M. LE MINISTRE DES FINANCES. — Quand j'ai rédigé l'exposé des motifs du budget, j'ai tablé sur le taux de 40 fr. pour les sucres. C'est pourquoi il y a une différence entre les chiffres.

M. RIBOT. — Cela vous montre avec quel soin je lis les documents qui émanent de votre ministère. J'ai fait moi-même les calculs, et j'ai trouvé qu'ils ne concordaient pas avec les chiffres de l'exposé des motifs. Vous m'en donnez l'explication, j'en prends acte.

Vous voyez combien il était nécessaire de réduire les évaluations de recettes de l'année précédente. C'était un chiffre effrayant.

Il est vrai qu'on avait en regard le bénéfice de la conversion, 32 millions, plus le bénéfice accidentel d'un demi-coupon trimestriel pour l'année 1903 ; mais tout cela faisait au total 58 millions à mettre en regard d'une somme de près de 190 millions.

Si les dépenses n'augmentaient pas, la question se simplifierait un peu. M. le ministre croyait pouvoir trouver 82 millions de recettes dans les remaniements d'impôts et 26 millions dans la suppression d'amortissements, mesure que je considère comme extrêmement regrettable.

Je vois l'honorable M. Caillaux qui me fait un signe d'intelligence.

Il s'agit en effet, monsieur Caillaux, de l'amortissement que vous aviez créé en nous promettant qu'il durerait toujours, à moins d'une catastrophe. J'ai été quelque peu sceptique en entendant votre déclaration. Les ministres des finances, en effet, escomptent l'avenir avec trop de facilité. Et il a suffi que vous quittiez le ministère des finances pour que votre œuvre s'écroulât. Je le regrette, car l'inspiration en était excellente.

M. Joseph Caillaux. — Ce n'est pas parce que j'ai quitté le ministère qu'elle s'est écroulée, c'est par suite des événements.

M. Ribot. — Et un peu du budget que vous avez laissé à votre successeur. (*Applaudissements et rires au centre.*)

La question eût été plus facile à résoudre s'il n'y avait pas eu, même aujourd'hui, dans l'état difficile de nos finances, des augmentations de dépenses nécessaires.

M. le ministre nous a soumis une liste de dépenses énorme dans laquelle je dois tout d'abord constater qu'il figure des dépenses absolument inévitables et qui s'imposaient.

Savez-vous à combien s'élève pour 1903 l'augmentation dans le service de notre dette? Nous avons fait par la conversion une économie de 32 millions et nous avons ajouté à nos charges annuelles 22 millions et demi ! C'est-à-dire plus des deux tiers du bénéfice de la conversion.

Ce chiffre est facile à établir : il y a 7.900.000 fr. pour l'emprunt de Chine...

A gauche. — Il faut tenir compte de l'indemnité.

M. Ribot. — Oui, il y a l'indemnité comme contre-partie pendant quelques années — à condition qu'elle soit payée, bien entendu.

Donc, 7.950.000 francs pour la Chine ; pour les obligations à court terme, 2.398.000 francs ; pour la caisse des dépôts et consignations une augmentation d'annuité de 738.000 francs. C'est la combinaison que M. Caillaux nous a fait voter l'année dernière qui comporte cette augmentation. Pour la dette flottante, une augmentation de 1.589.000 fr. Enfin les annuités de chemins de fer, soit au ministère des finances, soit au ministère des travaux publics, environ 2.500.000 francs.

Reste un chiffre effrayant qu'il faut souligner en passant, c'est l'augmentation de la dette viagère d'une année à l'autre. Les pensions nous coûtent, d'une année à l'autre, 7.422.000 francs de plus.

Tout cela fait au total 22.597.000 francs, c'est-à-dire, je le répète, les deux tiers de l'économie résultant de la conversion.

Cette somme, nous ne pouvons pas nous refuser à la payer, c'est la dépense la plus impérative qui s'impose à un ministre des finances.

Mais, il y a d'autres dépenses qui ont presque le même caractère.

La marine marchande, par exemple, nous impose une dépense de 8.500.000 francs.

Restent maintenant les dépenses productives qui ont été encore augmentées par suite du projet de loi de finances en ce qui concerne les zones, les dépenses des manufactures, des postes et des télégraphes, et on se plaint encore qu'on ne fasse pas assez de mises de fonds pour développer les téléphones.

M. LE RAPPORTEUR GÉNÉRAL. — Et on a raison.

M. RIBOT. — Je ne le conteste pas; mais de ce chef il y a 13 millions qui figurent au budget.

Il y a aussi les engagements pris en ce qui concerne le service de l'instruction publique pour lequel on a porté 7 millions. Vous voyez que dans ce total de dépenses il y en a qui sont inévitables; j'en trouve d'autres qui sont beaucoup plus contestables, par exemple les dépenses de la guerre.

Le budget de la guerre, comme d'autres budgets, comprend le compartiment des dépenses permanentes, celles qui tiennent à l'organisation même

de l'armée, et le compartiment des dépenses acci-
dentelles, temporaires, tantôt grosses, tantôt moins
importantes, c'est-à-dire les dépenses extraordinaires. Telles sont les dépenses du perfectionne-
ment du matériel d'armement. Quand ces dépenses
sont en partie achevées, le ministre de la guerre a
une tendance à dire : voilà une économie dans mon
budget, par conséquent nous allons faire passer une
dépense correspondante, un peu atténuée, il est
vrai, dans le premier compartiment, celui des
dépenses permanentes. C'est ce qui est arrivé. Les
canons nouveau modèle étant exécutés, le ministre
dit : voilà une économie, mais vous allez me donner 8 millions de plus pour l'organisation de
l'armée.

Le malheur c'est que, quand il faudra faire de
nouveaux canons, la dépense reparaîtra, mais on ne
fera pas ce jour-là d'économie dans le premier compartiment. (*Applaudissements au centre et sur
divers bancs à gauche.*)

M. LE PRÉSIDENT DE LA COMMISSION DU BUDGET. —
En réalité, ce mot de dépenses extraordinaires ne
répond plus à aucune réalité ; vous avez raison, je
crois qu'il faudrait supprimer cette section.

M. RIBOT. — Bien ! Quoi qu'on fasse, je constate
que le budget de la guerre, qu'on présente comme
en économie notable cette année, est en réalité en
augmentation, car le chiffre de la première section,
celle qu'il faut considérer, est inférieur seulement
de 3 millions au chiffre de l'an dernier, si je ne me
trompe, mais d'autre part on fait une réduction très

notable sur les fourrages, qui n'est pas une économie définitive puisqu'elle est faite pour cette année seulement et non pour les années suivantes.

M. LE RAPPORTEUR GÉNÉRAL. — Il y a, tous les ans, dans le budget de la guerre, de ces surprises dans les deux sens.

M. RIBOT. — Oui, mais quand on a une surprise favorable ce n'est pas une raison pour majorer un autre chapitre. (*Très bien! très bien!*)

Je constate donc que, cette année, le budget de la guerre est encore en augmentation; non pas d'une somme considérable...

M. LE PRÉSIDENT DE LA COMMISSION DU BUDGET. — Celui de la commission est en réduction.

M. RIBOT. — Je voudrais bien discuter cela, mais permettez-moi de faire observer, monsieur le président de la commission, que nous n'avons pas encore reçu le rapport sur le budget du ministère de la guerre ; eh bien ! c'est là une détestable habitude de distribuer les rapports particuliers quand la discussion générale est close. Comment voulez-vous que nous discutions ? Je ne me permettrais pas de monter à cette tribune sans avoir lu les rapports particuliers, car qu'est-ce que le rapport général sinon la synthèse de tous les rapports particuliers ?

Or, à l'heure présente, nous n'avons pas le rapport du budget de la guerre. Il y a une chose beaucoup plus grave ; non seulement nous n'avons pas non plus le rapport de la marine, mais nous n'avons pas à cette heure l'état législatif des navires en construction, des mises en chantier au ministère de la marine. (*Applaudissements au centre et sur divers bancs.*)

M. LE PRÉSIDENT DE LA COMMISSION DU BUDGET.— Nous ne l'avons pas non plus.

M. RIBOT. — Je ne voudrais pas me servir d'un mot dur; mais véritablement il n'y a pas de Chambre qui devrait supporter un pareil mépris de ses prérogatives et de son droit de contrôle; on nous doit ces documents, ils sont la base de notre examen; on semble escompter nos votes sans vouloir nous permettre de les éclairer; j'insiste de la manière la plus formelle, sans en faire le moins du monde une question personnelle, pour qu'une autre année au moins tous les documents nous soient distribués avant que la discussion générale ne s'engage. C'est la condition élémentaire d'une discussion loyale et complète. (*Vifs applaudissements.*)

Puisque je parle du ministère de la marine, il faut bien que j'en dise un mot en passant. Ce ministère ne demandait aucune augmentation. C'était admirable... en apparence; mais la Chambre a été obligée de faire ce que le ministre ne voulait pas faire, d'augmenter les dépenses; ce n'est pas son rôle.

A l'extrême gauche. — C'était son tort.

M. RIBOT.—Non, ce n'était pas son tort. La commission du budget a eu absolument raison de rétablir les 10 millions; seulement si le ministre avait voulu faire lui-même les relèvements nécessaires pour tenir les engagements pris par la Chambre elle-même — car c'est la Chambre qui avait ordonné la mise en chantier des cuirassés et qui avait fixé, par les crédits votés l'an dernier, les effectifs de l'escadre de la Méditerranée — je ne crois pas que l'augmentation se serait chiffrée par 10 millions, elle aurait été moindre; et le parti pris qu'a eu M. le ministre de la marine de supprimer de son autorité des mises en chantier et de réduire des effectifs, a eu cette conséquence que nous payons aujourd'hui plus cher que nous n'aurions payé s'il avait été plus respectueux des décisions de la Chambre. (*Applaudissements au centre et sur divers bancs.*)

Ces dépenses étaient nécessaires ; tout le monde sait que, ces temps derniers, il y avait quelque préoccupation du côté du Maroc. Si nous avions été obligés d'y envoyer nos cuirassés, il aurait fallu aller chercher en Bretagne des hommes pour compléter les effectifs. Ce n'est pas ce que la Chambre a voulu et la Chambre tient à ce que ses volontés, quand elles sont claires et nettes, soient obéies par tous les ministres. (*Applaudissements au centre et sur divers bancs.*)

En présence de toutes ces difficultés, qu'a fait M. le ministre des finances ? Il a d'une part, augmenté les ressources — nous nous expliquerons sur ce point — de 82 millions : il a ensuite supprimé 26 millions d'amortissements et il s'est cru obligé de demander 44 millions à l'emprunt pour les garanties d'intérêt. Je dois dire tout de suite que, comme contre-partie, M. le ministre des finances inscrivait une somme modeste, mais qui était une indication précieuse pour l'avenir, une somme de

11 millions pour le remboursement des obligations sexennaires, il indiquait par là sa volonté de rétablir ce fameux chapitre 5 d'autrefois, qui a été la création de M. Thiers, et c'est un malheur qu'il ait disparu de nos budgets. Ce fonds d'amortissement, que M. Thiers voulait fixer à 200 millions et qui eût été la réserve et la sauvegarde de nos budgets, ainsi qu'une condition de la probité de la gestion financière de la France, M. le ministre des finances indiquait son intention de le rétablir. La commission du budget a préféré, après avoir comprimé encore quelque peu les dépenses, supprimer tout emprunt, et, en même temps, toute provision pour le remboursement des obligations sexennaires.

M. LE RAPPORTEUR GÉNÉRAL. — Emprunter pour amortir et emprunter quatre fois plus qu'on amortissait nous a paru d'une mauvaise méthode financière !

M. RIBOT. — Mais alors vous marchez forcément à un emprunt en rente perpétuelle et cependant vous donniez dans votre rapport une indication contraire. En effet, ces obligations sexennaires n'ayant aucune somme en contre-partie pour leur remboursement, on devra les convertir en une dette consolidée.

M. LE RAPPORTEUR GÉNÉRAL. — Pourquoi ?

M. RIBOT. — Il est évident que quand on a souscrit des obligations sexennaires avec des échéances fixes, il faut bien se préoccuper des moyens de les rembourser.

M. LE RAPPORTEUR GÉNÉRAL. — Je ne vous apprendrai rien, monsieur Ribot, en vous disant qu'on les renouvellera facilement.

M. RIBOT. — Je connais cette histoire. J'ai été membre des commissions du budget, il y a quelque vingt ans. On accumulait les obligations sexennaires et comme on ne réservait pas de provisions pour les payer, quand elles arrivaient à un chiffre un peu important, on disait : L'opération d'un grand emprunt est mûre ; il faut la pratiquer. Et comme les emprunts sont toujours bien accueillis par une certaine clientèle ou par certains intermédiaires qui en profitent, nous nous sommes laissé entraîner. (*Applaudissements au centre et sur divers bancs.*)

Je m'expliquerai d'ailleurs sur la question de l'emprunt.

M. LE PRÉSIDENT DE LA COMMISSION DU BUDGET. — Vous pouvez critiquer la commission du budget, mais il n'en est pas moins vrai qu'elle s'est trouvée en présence de cette situation : d'un côté, un emprunt de 44 millions, par émission de nouvelles obligations sexennaires ; de l'autre, un chapitre dans lequel on remboursait 11 millions d'obligations sexennaires, c'est-à-dire qu'en réalité on n'émettait que 33 millions de ces obligations. Était-ce vraiment faire de l'amortissement que d'opérer cette différence? Vous savez bien que c'était uniquement pour faire cadrer l'émission des obligations sexennaires avec le chiffre de la garantie d'intérêts, sans cela M. le ministre des finances n'aurait pas fait cette opération en partie double qui réellement n'eût pas été soutenable s'il avait pu faire autrement.

M. LE MINISTRE DES FINANCES. — Je m'expliquerai sur ce point.

M. RIBOT. — C'est entendu. M. le ministre me disait tout à l'heure, et je suis de son avis, que ce n'était pas chose négligeable d'inscrire une certaine provision pour l'amortissement des obligations. Mais je ne veux pas instituer une discussion sur ce point et je passe condamnation sur tout cela.

Vous avez fait le budget le meilleur ou le moins mauvais qu'il était possible de faire dans les circonstances actuelles, circonstances particulièrement difficiles.

M. LE RAPPORTEUR GÉNÉRAL. — C'était notre seule prétention.

M. RIBOT. — La commission du budget avait très peu de temps et je ne lui reproche nullement de n'avoir pas fait plus d'économies. Les économies, on ne les improvise pas, ou, quand on les improvise, ce sont des économies qu'on fait en quelque sorte sur mesure. On dit : il nous faut trouver 33 millions pour ne pas faire un emprunt et alors on fait des économies sur commande en modifiant les chapitres du budget, et ce sont toujours les mêmes. J'ai l'expérience de la chose, j'ai été moi-même ministre des finances. On s'adresse au ministre des travaux publics et on lui dit : Ne pourriez-vous pas retarder les travaux des ports, des canaux et des rivières? Et le ministre répond toujours : cela m'est bien difficile et c'est mauvais parce que les frais de personnel continuent à courir et que les populations se plaignent. C'est toujours une mauvaise opération que de ralentir les travaux en cours ; nous allons cependant faire une réduction de crédit pour vous faire plaisir, mais bien entendu elle n'est que provisoire et, l'an prochain, je redemanderai tout le crédit.

Cela n'a pas manqué. M. Maruéjouls en abandonnant d'abord à M. le ministre des finances et ensuite à M. le rapporteur général une partie des crédits d'améliorations des ports et canaux, a eu soin de dire : C'est une simple réduction pour cette année, mais pour l'année prochaine je réserve tous mes droits.

Mais, je le répète, je ne me plains pas ; vous ne pouviez pas faire d'autres économies, des économies profondes parce que pour cela il faut du temps et des changements en quelque sorte organiques dans le fonctionnement des services. Des économies, on peut en faire, j'en suis convaincu comme vous et dans tous les ministères, mais on ne peut pas les improviser, les faire en une heure ou même en deux mois.

Je ne critique donc pas l'œuvre de M. le ministre, ni l'œuvre de la commission du budget, je l'accepte, non pas comme l'idéal, vous ne me le demanderiez pas, mais comme une des solutions qu'on pouvait proposer à la Chambre.

Il y a à examiner maintenant les évaluations de recettes. J'ai d'abord un petit reproche à vous faire, puis un autre plus important.

Vous avez dit que vous répudiiez absolument le système des majorations. Vous n'en voulez plus : alors pourquoi en faites-vous ?

M. LE PRÉSIDENT DE LA COMMISSION DU BUDGET. — Nous n'en avons pas fait.

M. RIBOT. — Je vous demande pardon. Vous en avez fait deux ; une d'abord sur les successions ; celle-là je la critique peu et je vais vous dire pourquoi ; mais c'est une majoration.

M. le ministre des finances avait pris les résultats de 1901, et comme la loi sur les successions n'avait fonctionné que pendant un petit nombre de mois en 1901, il a escompté une plus-value calculée sur la totalité de l'année. Vous avez dit : M. le ministre des finances n'a pas demandé assez et vous avez ajouté 12 millions, je crois.

M. LE PRÉSIDENT DE LA COMMISSION.—16 millions.

M. RIBOT. — 16 millions ; et vous êtes arrivé même un peu au-dessus des résultats de 1902.

M. LE PRÉSIDENT DE LA COMMISSION. — Le chiffre prévu pour 1903 est de 4 millions et demi supérieur aux recettes prévisionnelles de 1902.

M. RIBOT. — Vos prévisions sont supérieures de 3 millions. J'ai fait le calcul.

M. LE PRÉSIDENT DE LA COMMISSION. — C'est une erreur.

M. RIBOT. — Pardon ! Ce n'est pas une erreur. Ces plus-values, vous pouviez les escompter dans une certaine mesure. Pourquoi ? Parce que la loi des successions a donné en effet des résultats supérieurs à ceux qu'on en attendait.

J'ai pris une grosse responsabilité dans la discussion de la loi sur les successions. L'administration de l'enregistrement était extrêmement craintive ; elle ne voulait déduire que le passif authentique, celui constaté par actes notariés. Et vous voyez le beau cadeau que l'on faisait au pays en excluant tout l'autre passif, notamment le passif commercial. J'ai fait prévaloir l'idée que le passif tout entier, commercial et civil, serait déduit. On a dit que ce serait une cause de déficit, mais les calculs que nous avions faits étaient assez exacts puisque la loi au lieu de donner des moins-values, donne des plus-values notables qui s'accentueront d'année en année.

Voilà en ce qui concerne l'enregistrement. Mais il y a une autre évaluation qui, elle, est une majoration évidente, c'est celle de l'alcool. Pour l'alcool, le produit est en baisse d'année en année, il a été de 324 millions en 1901, et il a été seulement de 300 millions en 1902. Si on prend l'évaluation de 1901, je n'ai rien à dire, sinon qu'il est probable qu'elle ne sera pas atteinte puisque 1902 marque encore une descente dans le produit. Mais on n'a pris ni le résultat de 1901, 324 millions, ni celui de 1902, 300 millions. Savez-vous ce qu'on a pris ? On a pris l'évaluation de 1902. Jamais on ne prend une évaluation comme base d'une autre évaluation ; on prend un résultat, celui d'une année ou celui d'une autre année, mais non pas une évaluation, surtout quand il est démontré par les faits que cette évaluation est supérieure de 50 millions à la réalité, car on avait escompté en 1902 un produit de 35o millions, et on n'a touché que 3oo millions. Cependant on prend comme base 35o millions. Vous ne contesterez pas, messieurs de la commission, qu'il y a une majoration, et une majoration manifeste.

M. LE PRÉSIDENT DE LA COMMISSION DU BUDGET. — Ce n'est pas la commission qui a majoré les chiffres ; ce sont ceux du Gouvernement.

M. RIBOT. — Oui, mais vous les acceptez. Alors vous êtes le parrain, si vous n'êtes pas le père. (*Rires.*)

M. LE PRÉSIDENT DE LA COMMISSION DU BUDGET. — C'est une différence dans la parenté et je crois qu'elle est notable.

M. RIBOT. — Les parrains ont quelquefois des obligations plus rigoureuses que celles des parents.

Mais enfin c'est d'autant plus grave que M. le ministre des finances demande 5o millions de majoration à un autre titre. Il a apporté un projet de loi sur les bouilleurs de cru et évalué le produit de l'application des nouvelles mesures à 5o millions. Quelle est la conséquence ? C'est que, tant du chef de la majoration que l'on a faite, que du chef du produit espéré de la réforme des bouilleurs de cru, on demande à l'alcool 100 millions de plus que l'année dernière ; au lieu de 3oo millions on lui demande 4oo millions ; je sais qu'on a réduit ce chiffre de 8 millions parce que la réforme ne sera applicable que le 1er mars au lieu du 1er janvier ; mais c'est encore 92 millions de plus. Vous ne défendrez pas cette majoration, elle est très critiquable,

c'est une faiblesse de votre budget. (*Applaudissements au centre et sur divers bancs.*)

M. LE RAPPORTEUR GÉNÉRAL. — Néanmoins vous
savez que la commission du budget a admis, même
peut-être d'une façon un peu trop libérale, les propositions du gouvernement en ce qui concerne la
réglementation des bouilleurs de cru. Il y a là une
situation qui modifiera considérablement le rende-
dement de la taxe sur l'alcool et dont il y avait lieu
de tenir compte.

M. RIBOT. — Vous voyez dans quel esprit j'examine le budget, ce n'est pas un esprit d'hostilité mais un esprit d'approbation indépendante.
(*On rit.*) Je signale en passant ce détail pour l'avenir, parce qu'il ne faut pas, quand on a vu les
causes d'erreur, les laisser passer sans les relever.
C'est encore la preuve que je lis avec soin les documents, car la petite note qui indiquait que l'évaluation de 1902 avait été prise comme base de
l'évaluation pour 1903 était en caractères tellement
minuscules qu'il fallait une certaine attention pour
la découvrir. (*On rit.*)

Voilà les seules critiques que j'aie à faire au
sujet des évaluations. Maintenant j'examine brièvement les ressources nouvelles que crée M. le
ministre des finances. J'ai quelques observations à
présenter.

Je ne veux pas, vous le pensez bien, entamer à
cette heure la question des bouilleurs de cru. C'est
une grande bataille à laquelle il faut se préparer,
et qu'on ne peut pas engager aujourd'hui. Je suis

d'accord avec M. le ministre des finances sur la nécessité de faire une législation en ce qui concerne les bouilleurs de cru. J'ai moi-même présenté, en 1895, un projet voté par la Chambre. Il comprenait d'autres questions qui firent submerger le projet de loi lui-même, mais sur ce point la Chambre avait approuvé. Il est vrai que vous avez aggravé les dispositions dont j'avais obtenu le vote, j'accordais l'abonnement, je crois qu'il y avait là une facilité donnée aux récoltants, on n'entrait pas dans le domicile (*Très bien! très bien!*), on réglait à l'amiable le produit qu'on devait prendre en charge, c'était une imitation de ce qui se passe en Alsace-Lorraine. Mais je ne veux pas traiter la question.

Je désire qu'on fasse une législation qui soit applicable et qui dure. Le projet sera voté. (*Protestations sur divers bancs.*)

J'ai fait des prévisions l'année dernière qui n'ont pas été trop démenties par les faits. Je me hasarde à prédire que M. le ministre des finances, s'il soutient avec sa vigueur accoutumée — et il le fera certainement — le projet en question, le fera passer. (*Mouvements divers.*)

M. LE MINISTRE DES FINANCES. — Dieu vous entende. (*On rit.*)

M. RIBOT. — Mais je suis un peu préoccupé des moyens de le faire durer. Je touche à une question brûlante et je vois à l'animation de la Chambre combien la lutte sera chaude à la veille du scrutin. J'ai à ce sujet quelque expérience et vous me permettrez de prendre position, de donner mon sentiment. Je voterai le projet de M. le ministre des finances et je souhaite que la majorité le vote avec nous.

M. Camille Fouquet. — Et les tabacs de zone?

M. Ribot. — Je représente, en effet, un département intéressé, un département zonier. Sur ce point, j'ai une observation à présenter. Elle n'est pas d'ordre moral bien qu'il y ait beaucoup à dire. Vous laissez, monsieur le ministre, aux bouilleurs de cru un privilège.

Sur divers bancs. — Un droit!

M. Ribot. — C'est un privilège que d'avoir droit à vingt litres pour la consommation personnelle.

Sur les mêmes bancs. — C'est un droit.

M. Ribot. — Soit! C'est aussi un droit de fumer du tabac à bas prix, pourrais-je répondre, si c'est une question de mots.

Il est grave, au point de vue politique — je me permets de soumettre cette considération à l'excellent esprit de M. le ministre des finances qui est aussi un homme d'État — il est grave, pour un profit aussi mince que celui qu'il tirera de la réforme, de rompre en visière avec des habitudes qui datent de loin.

Sur divers bancs. — De même pour les bouilleurs!

M. Lasies. — Il faudra s'entendre avec nous ou périr avec nous.

M. Ribot. — Ah! si les bouilleurs ne coûtaient pas plus au Trésor que les fumeurs du tabac de zone, ils se défendraient d'eux-mêmes. Mais c'est parce qu'on espère un gros profit de la réforme et que vous avez abusé des facilités que vous donnait la loi que le ministre des finances est obligé d'être rigoureux à votre égard.

Je démontrerai que le profit qu'on retirera de la suppression des zones, mesure qui sera détestable d'ailleurs au point de vue de la répression de la fraude, ne vaut pas l'inconvénient politique qui s'attache à la réforme; nous discuterons cela et M. le ministre des finances verra s'il ne doit pas maintenir ces zones.

Vous pensez que la réforme vous donnera 22 millions. Comment arrivez-vous à ce chiffre? Je me borne à vous faire deux petites observations: Savez-vous combien on vend de tabac de zone? J'ai pris le compte des recettes de 1900, c'est le dernier qui nous ait été distribué. En additionnant les prix de vente dans les différentes zones, on arrive au chiffre de 23.800.000 francs. Qu'est-ce que cela veut dire? Que M. le ministre des finances veut que ceux qui consomment du tabac de zone payent une somme double de celle qu'ils déboursent aujourd'hui. Puisqu'ils payent pour leur consommation 23 millions, on leur demande de payer 22 millions de plus. Croyez-vous que c'est possible?

Peut-on obliger un ouvrier à mettre pour sa consommation personnelle de tabac une somme double de celle qu'il met habituellement? Qui est-ce qui consomme ce tabac? Ce sont les ouvriers agricoles en grande majorité. Et quels sont leurs salaires dans les départements du Nord? Ils sont de 1 fr. 75

à 2 francs. Si l'ouvrier peut mettre deux sous par jour à cette consommation il ne mettra pas quatre sous. Vous aurez donc de ce chef une moins-value. En outre, l'argument sur lequel vous fondez votre calcul n'est pas exact. Vous dites : dans la Seine-Inférieure on dépense, par tête, en consommation de tabac, tant, et, par conséquent, dans le Nord ou le Pas-de-Calais, après la réforme, on dépensera autant. Ce raisonnement sur lequel vous vous appuyez dans votre exposé des motifs pèche par la base. Le département de la Seine-Inférieure n'est pas soumis aux infiltrations de tabac de fraude, tandis que les départements frontières, eux, y sont soumis et vous n'empêcherez pas la fraude ; les zones ont été faites pour la réduire ; en les supprimant, vous l'accroissez. (*Très bien! très bien! sur divers bancs.*)

Nous reprendrons ces discussions, je voulais seulement marquer leur place quand elles auront à s'engager.

Ce budget, tel qu'il est établi, je ne veux pas m'en faire le mauvais prophète. Je ne veux pas reprendre le rôle que j'ai pris l'an dernier. Je ne veux pas dire qu'il sera nécessairement en déficit ; je ne le dis pas, monsieur Caillaux, par un sentiment de partialité, soyez-en sûr : j'aurais été heureux de pouvoir vous tenir le même langage, mais la confiance imperturbable que vous montriez m'excitait et me confirmait dans mes prévisions. J'ai été très affirmatif l'an dernier ; je le serai, cette année, un peu moins parce que je trouve moins de résistance, moins d'optimisme de la part du gouvernement, et surtout parce que nos recettes s'améliorent. M. le rapporteur général l'a très bien constaté dans son rapport, les recettes des derniers mois sont en progrès ; les moins-values — il y en a encore — sont moindres par rapport à celles des mois précédents ; nous pouvons donc espérer, sans trop de présomption, que l'année prochaine sera meilleure que l'année 1902 (*Très bien ! très bien !*) et que malgré les faiblesses, les lacunes que j'ai dû signaler en passant dans le budget, malgré les mécomptes possibles, nous arriverons à un équilibre. Ce n'est pas un équilibre tel que nous pourrions le souhaiter, tel que nous le voudrions pour le budget de la France ; malheureusement nous sommes peut-être condamnés pendant une série d'exercices à cette situation gênée, difficile, à laquelle il faut que nous accoutumions nos esprits. Je remercie particulièrement M. le rapporteur général d'une parole très sage qu'il a mise dans son rapport. Il a dit : Nous aurons l'année prochaine des plus-values, je l'espère ; mais ne comptez pas qu'elles soient considérables ; il n'y a pas de marge pour de grosses plus-values dans nos budgets futurs.

C'est là un avertissement extrêmement sage, que M. le rapporteur général donne à la Chambre tout entière, et auquel je me permets de donner ici publiquement mon adhésion.

M. LE RAPPORTEUR GÉNÉRAL. — J'ai ajouté sauf sur les produits des monopoles et des exploitations de l'État.

M. RIBOT. — Oui, mais vous prenez l'ensemble du budget. En effet, nous n'avons plus de très grosses plus-values à espérer; si elles viennent tant mieux; mais il n'y faut pas compter sûrement; l'élasticité de nos budgets a été diminuée par des circonstances dont nous ne sommes pas responsables et par d'autres dont nous avons la responsabilité. Les douanes donnent moins qu'elles n'ont donné à d'autres époques; non pas qu'il faille mettre en question le régime économique; cette discussion viendra plus tard, je ne veux pas l'engager; il suffit de voir les états pour constater que ce n'est pas sur les produits fabriqués que porte la diminution, mais sur l'introduction des céréales et des vins.

Pour les céréales, nous avons eu une politique; nous avons voulu que ce pays suffît à sa consommation et nous y sommes arrivés à peu près. C'est une politique qui peut se défendre et même par de gros arguments.

Assurément, l'Angleterre, la Belgique, d'autres pays, obligés de chercher au dehors leur subsistance, sont excités par là à faire un effort prodigieux d'activité industrielle; mais c'est aussi quelque chose, pour un pays comme la France, d'avoir la sécurité de son approvisionnement national, de se dire qu'elle ne dépend de personne pour l'alimentation de sa population; c'est un résultat que nous avons voulu; il est heureux, et M. le rapporteur général le constate. (*Applaudissements.*)

Mais la conséquence est que les plus-values que

nous avons eues depuis 1892 s'évanouissent. Il en est de même pour les vins. Par conséquent, les douanes ne donneront plus beaucoup.

L'impôt des boissons était une des sources les plus importantes de nos recettes, une de celles qui donnaient le plus sûrement des plus-values. Cette source de recettes est atteinte gravement par la réforme, que je ne critique pas en elle-même, que je n'examine qu'au point de vue fiscal. L'alcool a été tellement majoré qu'il y a une diminution dans la consommation et que nous n'avons plus là l'élasticité que nous avions autrefois. Quant aux vins, la consommation en augmente, mais les droits ont été tellement réduits qu'ils ne peuvent plus donner de plus-values. Quand je vois qu'en Angleterre, la bière, qui est aussi une boisson hygiénique, donne 350 millions de recettes au budget, et quand je vois que, dans le budget français, il n'y a, pour les vins et les bières, qu'une recette d'environ 85 millions, je crois que peut-être on a été trop loin et que, s'il a été vrai de dire autrefois que l'alcool était notre dernière ressource, peut-être y a-t-il une réserve dans les droits sur les boissons hygiéniques.

M. LE COMTE DU PÉRIER DE LARSAN. — Ah! non, par exemple.

M. RIBOT. — Je ne soulève pas la question (*On rit*), je me borne à l'indiquer, je parle en ancien ministre des finances.

Mais il y a peut-être d'autres ressources, qui sont moins atteintes et qui nous promettent des recettes plus abondantes : il y a d'abord les successions, dont je parlais il y a un instant. Je crois, en effet, que la loi des successions donnera des recettes croissantes. Cette loi a été très bien acceptée, elle fonctionne sans soulever trop de réclamations, quoique le fisc montre toujours sa rapacité ordinaire ; mais enfin elle fonctionne, et j'attends de cette loi quelques améliorations.

Il y a aussi les monopoles, comme le disait M. le rapporteur général, et les valeurs mobilières, qui sont toujours en augmentation, et enfin il y a encore une bonne chance pour nos budgets futurs. Je vais l'indiquer, M. Berteaux ne se fâchera pas. Cette bonne chance, c'est la diminution des garanties d'intérêt des chemins de fer. Ce n'est pas une plus-value ; mais cela vaut une plus-value, puisque nous aurons 44 millions de moins à donner.

Je crois que le développement des recettes des chemins de fer amènera une diminution de la garantie d'intérêts, mais à une condition, c'est que M. Berteaux, qui a été d'une sagesse exemplaire comme rapporteur général du budget, deviendra tout à fait sage aussi s'il s'agit de créer de nouveaux trous dans le budget. J'en appelle au rapporteur général des opinions, quelquefois un peu imprudentes, de M. Berteaux, député de Seine-et-Oise. (*On rit.*) Je lui demande de ne pas me contredire.

M. LE RAPPORTEUR GÉNÉRAL. — Je ne renie rien de mes opinions, je vous prie de le croire.

M. RIBOT. — C'est entendu ! Ne reniez rien, mais

aidez-nous à diminuer les garanties d'intérêt, c'est tout ce que je vous demande. (*Très bien ! très bien !*)

Nous avons donc des perspectives d'avenir qui ne sont pas extrêmement brillantes, mais peuvent suffire néanmoins, si nous savons être sages dans le calcul de nos dépenses.

Certaines dépenses s'imposent évidemment, comme les dépenses productives dont je parlais tout à l'heure ; nos dépenses d'instruction publique nécessairement grandiront. Je souhaite qu'elles ne grandissent pas démesurément par l'application d'une politique à laquelle je ne donne pas une complète approbation, vous le savez. Mais, même en dehors de cette politique, les dépenses d'instruction publique doivent nécessairement croître dans un pays comme le nôtre.

Il y a aussi les dépenses d'assistance. M. Millerand a mis à l'étude, à la commission de prévoyance, la loi d'assistance et de solidarité ; il lui a donné le pas cette fois sur la loi des retraites, c'est ce que nous avions demandé ; je ne peux donc que l'en remercier. Il est entré là dans une voie que j'approuve ; je donne mon adhésion la plus complète au principe de ce projet, me réservant d'étudier les détails. J'ai affirmé l'année dernière et je répète que c'est un devoir non seulement pour l'État républicain, mais pour l'État moderne, de reconnaître la grande loi de solidarité humaine et de ne pas laisser les infirmes et les vieillards sans protection. (*Applaudissements sur un grand nombre de bancs.*) Il y a des choses qu'il faut faire : je me réserve de vous dire celles qu'il ne faut pas faire, mais celle-là, il faut la faire. L'année dernière, nous avions pris, mes amis et moi, l'initiative de présenter un amendement à la loi sur les retraites, nous demandions 25 millions destinés à assurer le fonctionnement de l'assistance obligatoire.

Il y a, disais-je, des choses qu'il ne faut pas faire. Je veux me prononcer nettement, je le considère comme un devoir ; il ne faut pas augmenter les dépenses militaires, ni de la marine, ni de la guerre. (*Vifs applaudissements sur divers bancs à gauche et à l'extrême gauche.*)

Messieurs, vous m'applaudissez ; mais nous ne sommes peut-être pas tout à fait d'accord sur les motifs qui me dirigent. Vous voulez réduire les dépenses militaires pour des raisons qui ont été données éloquemment et auxquelles je ne m'associe en aucune façon ; moi, si je ne veux pas que ces dépenses augmentent, c'est parce que je veux l'armée la plus forte que nous puissions avoir.

Sur plusieurs bancs à gauche et à l'extrême gauche. — Nous aussi !

M. Ribot. — L'armée ne sera forte qu'à la condition d'être proportionnée à la population et à notre budget. (*Nouveaux applaudissements au centre, à gauche et à l'extrême gauche.*)

J'ai dit cela l'année dernière ; c'est une opinion réfléchie de ma part, et je l'apporte à cette tribune parce que je considère comme mon devoir de l'exprimer. (*Très bien! très bien!*) Mais je ne m'as-

socie aucunement — je n'ai pas besoin de le dire —
aux considérations apportées à cette tribune.

M. Marcel Sembat. — Quand le dispositif est le
même, les considérants sont les mêmes !

M. Ribot. — J'ai sur vous un triste privilège, je
suis plus vieux que beaucoup d'entre vous et j'ai
vu plus de choses ; j'ai vu des désastres dont nous
portons encore le poids. Et je m'afflige et je
m'effraye quelquefois de voir reparaître à cette
tribune toutes ces doctrines dangereuses, toutes
ces rêveries, toutes ces théories humanitaires qui
nous ont fait tant de mal et dont nous avons
failli mourir. (*Applaudissements sur un grand
nombre de bancs.*)

M. Cunéo d'Ornano. — Ce sont ces doctrines
qui nous ont conduits à Sedan.

M. Ribot. — Assurément, l'idée de guerre, l'idée
de la force brutale est en recul dans le monde.
(*Nouveaux applaudissements.*) D'une part, parce
que la démocratie qui grandit refoule ces idées
d'autrefois. (*Nouveaux applaudissements.*) En se-
cond lieu — c'est peut-être la raison la plus forte —
parce que les armements formidables de notre
temps, les inventions meurtrières de la science
ont inspiré à tous une terreur telle de la guerre
qu'on ne l'entreprendra que dans les circonstances
extrêmes. (*Nouveaux applaudissements sur les
mêmes bancs.*)

Je crois donc que la guerre sera plus rare qu'autrefois. Mais qui donc affirmera ici, comme on semblait le faire hier, que nous sommes à la veille d'un

désarmement et que c'est à nous à en prendre l'initiative ?

M. D'ESTOURNELLES.—Qui donc l'a dit? Personne ne l'a dit.

M. RIBOT. — Tant mieux, si personne ne l'a dit. Mais, tout en m'inclinant avec respect devant l'œuvre de la conférence de La Haye, je dis qu'il ne faut pas apporter à cette tribune des théories qui, en généralisant outre mesure les services que cette institution peut rendre, arriveraient à fausser la notion même qui a présidé à l'œuvre de la conférence.

M. D'ESTOURNELLES. — On ne s'en est pas servi une seule fois !

M. RIBOT. — Hier, il n'a été question que de cela et M. le président de la Chambre a dit l'autre jour, du haut du fauteuil, avec son autorité, que, tout en souhaitant que l'œuvre de l'arbitrage s'étende, tout en faisant nos efforts pour qu'il devienne général, nous devions cependant constater que les grandes nations n'avaient pas livré à ce tribunal international tout ce qui touche à leur vie nationale et à leur honneur. (*Applaudissements au centre.*)

Et croyez-vous que M. Roosevelt, à qui M. d'Estournelles adressait un message de félicitations (*Sourires*), croyez-vous que M. Roosevelt lui-même, à qui on vous invite à demander des leçons, ne vous eût pas ménagé lui-même quelque surprise. (*Très bien ! très bien !*) Croyez-vous que si le tribunal de La Haye avait existé lorsqu'a surgi le conflit entre les États-Unis et l'Espagne, nous aurions été sûrs que les États-Unis lui auraient apporté leur cause et ne l'auraient pas confiée aux canons de leurs vaisseaux de guerre ? (*Nouveaux applaudissements sur les mêmes bancs au centre, à droite et sur divers bancs à gauche.*)

Et croyez-vous, mon cher collègue, que si demain — ce qu'à Dieu ne plaise — de graves conflits s'élevaient en Europe, c'est à La Haye qu'ils auraient leur dénouement ? — Le croyez-vous ? Non, assurément ! Alors, ne venez pas parler légèrement ici...

M. D'ESTOURNELLES. — Voulez-vous me permettre, monsieur Ribot ?

M. RIBOT. — Pardon, j'ai la parole. Vous m'avez assez interrompu hier, vous me répondrez.

M. D'ESTOURNELLES. — Je n'ai pas parlé légèrement.

M. RIBOT. — ...Il ne faut pas traiter, surtout avec cette confiance en soi-même, ceux qui sont plus anciens que vous et qui ont été témoins de désastres que vous n'avez pas connus et ressentis au même titre. (*Interruptions à l'extrême gauche.*)

M. D'ESTOURNELLES. — Monsieur Ribot, hier vous m'avez répondu à plusieurs reprises pendant que je parlais. Aujourd'hui je vous ai écouté, je vous ai même applaudi, avec une impartialité complète, chaque fois que j'en ai eu l'occasion. Maintenant, il me semble véritablement que vous devez me permettre à votre tour de m'élever contre ces expressions d'abord de « légèreté », que vous venez d'employer, et de « confiance en moi » ensuite. Permettez-moi, monsieur Ribot, de vous dire que vous ne me rendez pas justice. Je n'ai pas, dans ce cas, confiance en moi, je puis dire davantage : J'ai confiance en une œuvre de grand avenir à laquelle la France s'est largement associée et que je ne veux pas voir étouffer. (*Applaudissements à l'extrême gauche et sur divers bancs à gauche.*)

M. Ribot. — Dans ces termes, nous sommes d'accord. Je ne désire pas plus que vous voir étouffer l'œuvre de La Haye. Mais il ne faut pas s'abandonner à des rêveries dangereuses et croire que la France n'a pas besoin, dans l'état de l'Europe et du monde, d'une armée forte, la plus forte possible.

M. d'Estournelles. — Nous sommes tous d'accord, je l'ai dit hier.

M. Ribot. — J'en suis heureux, et ceci prouve qu'il est bon de s'expliquer à la tribune.

La France est pacifique, pacifique comme le disait M. le président de la Chambre l'autre jour, avec le sentiment de sa dignité et de son honneur. Je veux dire à mon tour, après ce qu'a dit hier M. Deschanel si éloquemment... (*Exclamations à l'extrême gauche*) oui ! si éloquemment (*Applaudissements au centre, à droite et sur divers bancs à gauche*) ...que la France s'est montrée pacifique toujours et que c'est vraiment une cruauté à son égard de lui dire qu'elle a besoin d'apprendre la sagesse en tournant les yeux vers les moyens de contrainte que l'on pourrait employer contre elle. (*Applaudissements au centre.*)

Non, messieurs, il ne faut pas tenir ce langage. Je ne veux mettre aucune passion dans ce débat, mais j'ai le droit de parler comme je le fais. J'ai été associé à une œuvre considérable : j'ai eu l'honneur de signer ou de donner l'autorisation de signer les actes qui nous lient à la Russie. Je l'ai fait avec le sentiment de ma responsabilité : mais je ne regrette rien de ce que j'ai fait. (*Applaudissements.*) J'aurais été coupable envers mon pays si je ne l'avais pas fait.

Ah ! monsieur Jaurès, vous n'avez pas vécu comme nous dans les difficultés, dans les angoisses que nous pouvions éprouver parfois pour maintenir la paix, mais pour la maintenir avec le sentiment entier de notre dignité et de notre indépendance. Nous nous sentions menacés, alors même que la menace n'était ni imminente, ni directe, et quand nous avons accepté l'offre faite par un grand souverain d'unir nos forces, non pas dans un but d'agression, mais dans un but de dignité et d'indépendance communes, nous savions ce que nous faisions : nous ne faisions pas une œuvre belliqueuse, mais une œuvre qui nous a permis de respirer plus librement.

Je crois que vous le sentiez vous-même, monsieur Jaurès ; depuis le jour où l'alliance a été conclue à Cronstadt et régularisée par des traités diplomatiques, il y a quelque chose de changé. C'est que la paix, au lieu de dépendre de la volonté des autres, dépend aussi de nous et du sentiment de la force opposée à une autre force, et d'un équilibre rétabli. (*Vifs applaudissements au centre, à droite et sur de nombreux bancs à gauche.*)

Voilà la vérité ! je puis la garantir, je puis l'attester, c'est là qu'a été notre pensée.

Oui, depuis, peut-être, on a parlé avec un peu trop de bruit de l'alliance franco-russe... (*Très bien ! très bien !*) il y a de grandes choses qui s'accommodent d'un peu de silence et d'un peu de mystère. (*Applaudissements.*)

L'œuvre n'en est pas moins une œuvre que nous avons le droit de revendiquer, que nous devons maintenir et dont nous ne devons pas parler — vos paroles, évidemment, ont dépassé votre pensée, l'autre jour, dans cette lettre qui n'était pas destinée à être publiée — dont nous ne devons parler qu'avec respect et avec le sentiment profond des intérêts de notre France, voilà la vérité. (*Nouveaux applaudissements sur les mêmes bancs.*)

Ce n'est donc pas pour affaiblir l'armée, ce n'est pas parce que je partage ce que je considère comme des illusions dangereuses que je demande qu'on s'arrête au chiffre qui représente aujourd'hui l'état de la France dans les choses militaires, c'est parce que, comme je l'ai dit, il faut une armée appropriée, adaptée et à l'état de la population et aux ressources dont nous disposons. On a été imprudent, on a été entraîné dans des charges exagérées, on a voulu suivre l'Allemagne — ce qui était impossible puisqu'elle a une population de moitié plus considérable que la nôtre. On a été plus loin — et M. Berteaux le signalait l'an dernier dans son rapport sur le budget de la guerre — on a voulu des unités plus nombreuses chez nous qu'en Allemagne. C'est une faute énorme, parce que, au lieu de fortifier l'armée on l'affaiblit. (*Applaudissements au centre et à gauche.*)

Quand on verse des effectifs diminués, et qui diminueront encore par l'effet de la natalité, dans des cadres aussi disproportionnés, on affaiblit l'armée, on l'exténue, au lieu d'en concentrer la vigueur. (*Nouveaux applaudissements sur les mêmes bancs.*)

Eh bien, savez-vous ce qu'il y a à faire en ce moment? C'est d'établir le service de deux ans : je le voterai avec vous, — et sans dispenses. (*Applaudissements vifs et prolongés au centre et à gauche.*)

Mais je demande qu'en même temps qu'on réglera ainsi les effectifs par la nouvelle loi de recrutement, on réorganise les cadres (*Très bien! très bien! au centre*); ce sont deux œuvres qui doivent marcher de pair ; on ne peut pas faire une loi sans l'autre (*Applaudissements*) ; et en ce moment-ci on est en train de nous engager dans une aventure parce qu'on n'a pas mesuré la dépense qui en résultera, ni l'affaiblissement qui en découlera pour notre armée elle-même. (*Très bien! très bien! au centre et sur divers bancs.*)

Eh bien! je demande à M. le ministre des finances de prendre sa place et sa part dans cette discussion. Une loi militaire n'est pas l'œuvre seule du ministre de la guerre (*Très bien! très bien!*); l'intérêt militaire est un côté de la question, mais ce n'est pas la question tout entière ; il y a aussi une question sociale, une question financière, une question politique dans le sens le plus élevé du mot ; c'est le ministère tout entier qui doit trancher cette question ; ne laissez pas le ministre de la guerre faire seul cette loi ; il est entraîné naturellement par des préoccupations exclusives et par le souci de sa responsabilité ; il n'abandonnera pas ces effectifs énormes de 575.000 hommes, qui résultent on ne sait de quoi, d'un hasard (*Vifs applaudissements sur un grand nombre de bancs*), parce qu'il s'est trouvé qu'un jour le contingent fut de ce chiffre. Eh bien, non ! Les hommes qui aiment le plus l'armée et qui veulent le plus qu'elle soit forte, conviennent qu'il n'y a rien là de sacramentel, qu'au contraire un chiffre plus réduit, si nous avions des unités plus fortes, plus ramassées, nous donnerait une armée au moins égale, sinon plus forte. (*Nouveaux applaudissements sur les mêmes bancs.*)

Messieurs, si nous sommes d'accord, si vous voulez exercer ce contrôle sévère sur les dépenses, écarter de nos budgets les dépenses qui ne doivent plus grandir, faire leur part aux dépenses nécessaires, en les modérant, nous arriverons même, avec cette perspective de plus-values atténuées, à assurer l'équilibre de nos budgets futurs.

C'est un équilibre qui ne me satisfera pas complètement, vous savez ce que je veux dire : il manquera à nos budgets cette réserve d'amortissement dont je parlais et que M. Thiers avait créée.

M. LE MINISTRE DES FINANCES. — Nous sommes d'accord.

M. RIBOT. — Si nous pouvions aussi être d'accord avec la Chambre, nous lui demanderions de remédier à cela immédiatement. Sans doute, ce ne serait pas une œuvre de popularité, mais ce serait une œuvre infiniment utile pour la France. Vous ne le demanderez pas, monsieur le ministre, parce que vous craindriez, d'une part, que vos propositions ne fussent pas acceptées, et, d'autre part, que cet amortissement n'eût le sort des amortissements passés et ne servît aux gaspillages de quelque Chambre en quête d'aventures. Cependant, c'est là la vérité financière, c'est ce que nous devrions être d'accord pour faire.

Si nous ne le faisons pas, du moins n'aggravons pas la situation présente et ne retirons pas de nos budgets ce qu'il y reste encore d'amortissements. C'est aujourd'hui bien peu de chose : 66 millions. Eh bien ! gardons cette réserve ; augmentons-la si nous pouvons et créons l'amortissement des obligations sexennaires. (*Très bien ! très bien !*)

On a beaucoup parlé, dans ces derniers temps, d'un vaste emprunt de liquidation ; je demande la permission d'en dire un mot. J'y suis tout à fait opposé. (*Vifs applaudissements à gauche et au centre.*)

Je ne veux pas discuter la question de la dette flottante à cette heure, dans l'état de fatigue que doit éprouver la Chambre. (*Non! non! parlez!*) La dette flottante, par son chiffre actuel, ne serait pas inquiétante ; elle est de 1.220 millions, si je ne me trompe.

Nous avons vu des dettes flottantes plus considérables, et il ne faut pas se reporter au chiffre de la monarchie de Juillet pour juger du chiffre normal de cette dette. (*Très bien!*)

Mais il y a, dans sa composition, quelques indications qui trahissent évidemment des embarras de trésorerie. Il y a, d'une part, l'affaiblissement des divers comptes de la Caisse des dépôts et consignations; c'est le résultat des retraits des caisses d'épargne; il y a, d'autre part, la diminution de l'encaisse, qui se trouve réduite à un chiffre auquel elle ne devrait pas tomber, et qui trahit évidemment un embarras et des difficultés.

Mais ce qui est favorable dans l'examen de la dette flottante, c'est que le chiffre des bons du Trésor n'est pas démesuré. A l'heure présente, après avoir fait face à tous ces déficits et supportant même les 60 millions de la soulte de la conversion, puisque l'emprunt n'a pas été émis, le chiffre des bons en circulation n'atteint même pas 200 millions.

Comme la limite légale est de 500 millions, M. le ministre des finances a encore une disponibilité de 300 millions.

Je sais bien que les trois premiers mois qui viennent seront difficiles à traverser : c'est le moment où les impôts directs ne sont pas encore rentrés, où il y a beaucoup de payements à faire, de nombreux coupons de rente à payer. Les trois premiers mois de l'année, tous les ministres des finances le savent, sont assez durs pour la trésorerie.

Sans avoir les renseignements précis que M. le ministre des finances a en sa possession, j'incline à penser que l'état de la trésorerie est plutôt embarrassé; cependant, je ne crois pas qu'un emprunt s'impose, étant donnée précisément cette disponibilité de 300 millions de bons du Trésor dont je parlais à l'instant, et aussi parce que nous pouvons donner à M. le ministre des finances la faculté d'émettre des obligations sexennaires, qui sont un allègement à la dette flottante. 280 millions, ce n'est pas, évidemment, un chiffre disproportionné, et ce n'est pas là une opération onéreuse, puisque nous plaçons ces obligations au-dessus de 3 p. 100.

Par conséquent, l'emprunt ne s'indique pas par lui-même comme une nécessité ; mais s'il s'indiquait comme une pensée financière, — et il ne pourrait pas avoir d'autre interprétation — s'il était un grand emprunt de liquidation, destiné à enlever les amortissements du budget en faisant une novation de la dette vis-à-vis de la Caisse des dépôts et consignations, économisant ainsi 21 ou 22 millions...

M. LE MINISTRE DES FINANCES. — 27 millions.

M. RIBOT. — ...27 millions d'amortissement par an, si on devait étendre l'opération au 3 p. 100 amortissable par option donnée aux porteurs de façon à supprimer ce qui reste d'amortissements — je veux parler avec franchise, je veux dire ma pensée tout entière — je crois que ce serait une mauvaise opération au point de vue de l'avenir de nos finances. Nous n'avons d'autre sauvegarde que la résolution bien arrêtée de ne pas **recourir** à l'emprunt ; de ne pas recourir à ces facilités trompeuses qui ne font que reculer les difficultés. (*Très bien ! très bien !*) L'emprunt, c'est la pente sur laquelle on glisse doucement ; mais on se retrouve ensuite au bord de l'abîme.

L'Italie le sait. Vous n'ignorez pas quels efforts il lui a fallu faire sur elle-même pour remonter cette pente et être récompensée comme elle l'est aujourd'hui, par le renouvellement de son crédit et les espérances qui brillent à ses yeux.

N'imitons pas les peuples qui vivent d'emprunts en temps de paix. (*Très bien ! très bien !*)

Je crois encore entendre M. Thiers au Corps législatif. Certes, à ce moment, la situation de la France était autre qu'aujourd'hui ; on se plaignait de l'accroissement des dépenses, de l'augmentation de la dette. Qu'étaient ces budgets d'avant 1870, en comparaison de nos budgets actuels !

Et cependant M. Thiers disait : « Je suis de la vieille école, mais c'était la bonne. C'est l'école qui veut qu'en temps de paix on amortisse : c'est un devoir ». Et il répudiait les novateurs qui soutenaient que plus il y a d'emprunts, plus il y a de mouvement d'affaires, et plus il y a de prospérité. Il disait : Non ! non ! La vieille école est aussi l'école moderne, car les États-Unis qui ne sont pas un vieux peuple fatigué ont su réduire leur dette et ainsi ils s'assurent vis-à-vis de nous et contre nous une supériorité que nous ne devons pas accroître par nos propres fautes.

Et après la guerre, aux moments les plus difficiles, M. Thiers a parlé avec la même éloquence pénétrante parce qu'il avait une conviction absolue, et il disait : « Je veux maintenir l'armée à un chiffre raisonnable et je veux en même temps gager l'amortissement et le léguer à mes successeurs. » Et il l'a fait ! Et nous avons eu l'imprudence et le malheur de détruire ce qu'il avait fait. Toute notre pensée devrait être d'y revenir et, si nous ne pouvons pas y revenir immédiatement, de ne rien faire qui soit l'opposé même de cette politique, qui en soit la négation. (*Très bien ! très bien !*)

Voilà, mes chers collègues, les quelques réflexions que m'a inspirées l'étude impartiale de ce budget.

Je ne veux pas prolonger cette discussion. Je donnerai mon concours à M. le ministre des finances, parce qu'il est dans une situation difficile et que nous devons tous, à quelque parti de cette Chambre que nous appartenions, songer à l'aider : c'est dans l'intérêt de la France que nous le faisons. (*Applaudissements.*)

Je n'ajouterai rien, mes chers collègues, au point de vue de la politique générale. Je n'ai pas besoin de le faire après le beau et courageux discours qu'a prononcé hier mon ami M. Deschanel.

La Chambre sait ce que je pense de la politique actuelle. Je n'ai pas besoin de le répéter à cette tribune, je crois qu'elle fait du mal à mon pays, je l'ai dit avec une sincérité entière. Il m'a semblé qu'hier, sur les bancs les plus silencieux, il y avait peut-être des membres de cette Chambre qui, tout en donnant leurs votes au Gouvernement, étaient inquiets et troublés dans leur conscience : c'est à eux que M. Deschanel adressait surtout son appel quand il dénonçait avec une vigueur impitoyable l'équivoque qui pèse si lourdement sur notre situation parlementaire.

Je souhaite ardemment, comme lui, que cette équivoque soit dissipée, que chacun dans cette Chambre reprenne la place qui lui appartient. Et je le souhaite d'autant plus sincèrement que — des membres de cette Chambre ou des Chambres précédentes peuvent s'en souvenir — j'ai été, moi, pour la politique d'union, et que j'ai donné des avertissements à mes collègues, en face de scissions dont on ne pouvait pas mesurer les conséquences et dont on voit aujourd'hui le résultat.

Je ne suis pas ennemi de l'union, à la condition qu'elle soit honorable, qu'elle ne soit pas une conciliation mensongère et hypocrite, qu'elle soit l'entente entre les hommes qui ont au fond les mêmes idées, qui sentent de même les besoins de la France et qui peuvent s'unir honorablement pour rendre à ce pays un peu de calme.

Je souhaite donc que cette union se fasse. Je ne me fais pas d'illusions téméraires. Le mal qui a été fait ne peut pas être réparé en un jour. Le but qu'on poursuit aujourd'hui est plus difficile à atteindre qu'il y a trois ans. Mais enfin je ne veux pas laisser tomber une parole de découragement. Je ne demando pas mieux que d'effacer, s'il est possible, des divisions regrettables ; mais en attendant, vous me permettrez, en toute circonstance, de rester fidèle à mes idées, à mes principes, et de dire à la tribune, comme je l'ai fait tout à l'heure, sans animosité contre les personnes, sans aigreur, sans amertume, ce que je crois le meilleur pour mon pays et pour la République. Je fais ainsi mon devoir d'honnête homme, de bon citoyen, et, permettez-moi de le dire, de bon républicain. (*Applaudissements vifs et répétés au centre et sur divers bancs à gauche et à droite. — L'orateur, en regagnant son banc, reçoit de nombreuses félicitations.*)

Séance du vendredi 23 Janvier 1903

Présidence de M. Étienne

DISCOURS DE M. JEAN JAURÈS

DISCOURS DE M. JEAN JAURÈS [1]

———

M. JAURÈS. — Tous nos contradicteurs, tous ceux qui nous ont, depuis une semaine, appelés à cette tribune, ont donné au débat une telle portée et une telle ampleur que la Chambre me permettra bien de ne pas m'attacher à l'objet particulier de l'interpellation de MM. Lasies et Puglicsi-Conti. Au reste, notre collègue, M. Dejeante, y avait répondu d'avance vendredi dernier.

D'habitude, M. Lasies fait ici le coup de feu en tirailleur. Cette fois, il a participé à un plan de campagne dressé par les plus savants stratèges de l'opposition. Ce qui apparaît, à travers toutes les déclarations d'un patriotisme un peu bruyant, c'est que, n'ayant pas pu dissocier la majorité républicaine en représentant les socialistes comme les

———

(1) Ainsi qu'on a pu le lire dans la préface de ce volume, M. Jaurès, absent le 19 et revenu le 20 seulement, a profité des interpellations Dejeante et Lasies sur la politique dans l'armée pour répondre à MM. Deschanel et A. Ribot.

ennemis de la propriété, on cherche désespérément à la dissocier aujourd'hui, en nous représentant comme les ennemis de la patrie. (*Très bien! très bien! à gauche et à l'extrême gauche.*)

Messieurs, avec quelque discrétion l'honorable M. Deschanel a commencé cette campagne. On pouvait attendre de lui qu'au lieu de s'attacher surtout à quelques phrases ou lambeaux de phrases que je ne répudie pas et dont toutes mes explications d'aujourd'hui seront le précis commentaire, on pouvait attendre de M. Deschanel qu'il saisît dans son grand sens et qu'il discutât dans son ensemble la doctrine que, si souvent, nous avons exposée. Il a préféré recourir à des moyens de polémique un peu plus sommaires et d'un effet un peu gros.

Je ne lui en veux pas, car l'autre jour il ne pouvait pas faire autrement. Depuis quatre ans, les circonstances ont tenu M. Deschanel un peu en marge de la rude bataille que les républicains livraient pour la liberté, pour la vérité et pour l'honneur. (*Applaudissements à l'extrême gauche et à gauche.*)

Dans ce grand drame, dont il a dit lui-même qu'il avait déchiré la conscience nationale, il se peut qué, dans sa conscience, M. Deschanel ait pris parti, mais nul n'en a jamais rien su. (*Applaudissements et rires sur les mêmes bancs.*)

Peut-être était-il au-dessus de la bataille, mais c'est encore un moyen d'être en dehors. (*Nouveaux rires.*)

M. Vazeille. — Sa grandeur l'attache au rivage.

M. Jaurès. — Et, lorsqu'il est venu ici morigéner d'un peu haut la majorité républicaine, lorsqu'il est venu reprocher leurs confusions et leurs équivoques à ces partis de gauche dont le grand crime, précisément, est de s'être organisés, (*Très bien! très bien! à gauche*) lorsqu'il est venu déterminer les frontières que, selon lui, devait avoir la majorité, il a senti lui-même, malgré tout, qu'il n'avait pas, pour cette opération délicate, cette autorité que donne seule la longue communauté de l'épreuve et du péril. (*Applaudissements à l'extrême gauche et à gauche.*)

Et il a naturellement racheté la faiblesse de sa position dans la politique intérieure par la vivacité de son agression dans la politique extérieure.

Je connais assez les règles du jeu parlementaire pour ne pas m'en émouvoir. L'avenir dira si M. Deschanel a bien joué sa partie. (*Très bien! très bien! à gauche.*)

Du discours de M. Ribot, j'ose à peine parler, car si j'en disais du mal, je m'exposerais à heurter les sentiments d'une grande partie de la Chambre que j'ai intérêt, aujourd'hui surtout, à ménager; (*Rires et applaudissements à gauche*) et si j'en disais du bien, je serais exposé à être accusé de tenter je ne sais quelle manœuvre de division entre M. Deschanel et M. Ribot. (*Nouveaux rires.*)

Je veux cependant le remercier — et j'espère que je ne serai désavoué par personne dans cette Chambre — d'avoir restitué à nos débats sur la politique extérieure cet accent de gravité calme, ce respect de l'adversaire, qui permettent seuls la discussion entre les citoyens d'un même pays, aussi unis dans l'amour de la patrie commune qu'ils sont divisés dans les moyens de la servir. (*Applaudissements.*)

Il a dit qu'il ne se proposait, en intervenant, aucun but politique, et je le crois bien, puisqu'il l'a dit. Mais l'esprit de l'homme a une tendance invincible à se représenter les faits sous la loi de la finalité, et il convertit tout naturellement, après une intervention politique et parlementaire comme celle de M. Ribot, les effets possibles en intentions probables. Aussi, lorsque se développait cette bienveillance vaste, lorsque se déroulait ce beau discours dont parfois les vagues apaisées montaient doucement sous le tranquille vent du large presque jusqu'à nous (*Applaudissements à l'extrême gauche et à gauche*), je me demandais malgré M. Ribot, et malgré moi-même, quel était son dessein, s'il voulait subtilement dissocier la majorité ou s'il s'offrait à la conduire. (*Rires et applaudissements sur les mêmes bancs.*)

M. RIBOT. — Ni l'un, ni l'autre.

M. JAURÈS. — Ce qui est clair en tout cas, ce qui est certain, c'est qu'il a fait à cette tribune des déclarations que nous sommes heureux de retenir parce qu'elles sont un signe des temps et du travail irrésistible des esprits. (*Très bien! très bien! à l'extrême gauche et à gauche.*)

M. RIBOT. — Je demande la parole.

M. JAURÈS. — Il a dit que l'heure était venue pour

ce pays d'arrêter la croissance imprudente des dépenses militaires et navales. Il a rappelé à la France la nécessité, dans l'intérêt de sa défense même, de proportionner le chiffre de son armée à ses forces réelles et à ses ressources. (*Très bien! très bien! sur divers bancs à gauche.*)

Il a invité M. le ministre de la guerre auquel je transmets cette recommandation qui aura plus d'autorité tout à l'heure renouvelée par M. Ribot lui-même, il a invité M. le ministre de la guerre à ne pas faire de la réduction du service militaire à deux ans l'occasion d'une surcharge pour le budget, et il a invité M. le ministre des finances à se faire à cet égard le censeur de M. le ministre de la guerre. J'espère bien que M. le ministre des finances n'a pas épuisé sur le ministre de la marine toute la vigueur de son contrôle. (*Applaudissements et rires à gauche.*)

M. Ribot a dit — et c'est là pour nous l'essentiel — que le chiffre de l'effectif n'était pas un chiffre fatidique, sacramentel; et il a ajouté, donnant ainsi le moyen précis de réduire sans péril pour l'éducation militaire l'effectif encaserné, qu'il faudrait réduire le nombre de nos unités. (*Mouvements divers.*)

Toutes ces choses, monsieur Ribot, sont excellentes. Nous avons eu l'autre jour l'indiscrétion de les applaudir, et vous nous avez rappelé tout de suite que vous n'aviez pas nos arrière-pensées. C'est entendu. Même chez les plus modérés, la politique anime si bien l'esprit de contradiction que lorsque ici deux hommes font la même chose, ils veulent que ce soit pour des motifs différents. (*On rit.*)

Messieurs, quoi qu'il en soit, nous nous réjouirons toujours, mes amis et moi, de retrouver un peu de notre folie dans votre sagesse. (*Nouveaux rires et applaudissements à gauche.*)

On a beaucoup parlé l'autre jour, et vous, monsieur Ribot, vous avez parlé de nos rêveries.

Le progrès humain se mesure à la condescendance des sages pour les rêveries des fous, et l'humanité aura accompli son destin lorsque toute sa folie aura pris la figure de la sagesse. (*Applaudissements à l'extrême gauche et à gauche.*)

Dès maintenant, dans l'ordre des relations internationales, bien des espérances qui semblaient naguère ou bien lointaines, ou même chimériques, se rapprochent et commencent à prendre corps.

Le fait qui domine notre temps, celui qui sert de règle à l'action de notre parti, c'est que, dès maintenant, la paix est possible en Europe, — j'entends la paix profonde, durable, organisée, définitive. (*Très bien! très bien! sur divers bancs à gauche.*) ·

Ici, messieurs, on nous arrête d'emblée en nous disant : Prenez garde. Même s'il est vrai que la réalisation de l'idéal pacifique est aussi prochaine que vous l'imaginez ; même s'il est vrai que, par une réussite extraordinaire, l'humanité trouvera, enfin, cet état d'équilibre vers lequel elle tend inutilement depuis des siècles et des siècles, vous êtes des imprudents en parlant trop à ce peuple d'une espérance de paix qui, malgré tout, n'est pas une certitude ; car vous risquez ainsi de débiliter les courages, vous risquez d'énerver les énergies en vue d'éventualités qu'il ne dépend pas de vous d'écarter absolument.

Voilà ce qu'on nous dit.

Eh bien ! je dis, au contraire, que ce qui pourrait énerver les courages, ce serait d'exciter toujours les énergies en vue de périls toujours ajournés ; on risquerait ainsi d'habituer la nation à l'illusion du courage et à un héroïsme verbal. (*Applaudissements à l'extrême gauche et à gauche.*)

Les énergies morales sont comme les énergies physiques, elles se convertissent les unes dans les autres, et il est inutile d'immobiliser l'énergie d'une nation sous telle ou telle forme, sous prétexte qu'elle pourra être réservée un jour à tel ou tel emploi. Donnez à une nation des énergies vives et saines : l'énergie du travail, l'énergie de la pensée, l'énergie de la liberté, l'énergie du droit, et si ces forces vives sont menacées un jour par la brutalité d'une puissance extérieure, elles se convertiront d'elles-mêmes en une magnifique expansion de courage. (*Applaudissements à gauche et à l'extrême gauche. — Interruptions au centre et à droite.*)

M. BORGNET. — Il faudra pourtant encore des canons, monsieur Jaurès.

M. JAURÈS. — Je vois, messieurs, et je le regrette, que vous ne m'entendez pas. On me dit : « Il faut encore des canons », comme si je déclarais inutile en ce moment la préparation matérielle de la guerre. (*Nouvelles interruptions.*)

Au centre. — Eh bien ! alors ?

M. DE GRANDMAISON. — Parlez du fauteuil. (*Vives réclamations à l'extrême gauche et à gauche.*)

M. JAURÈS. — Je veux adresser à nos collègues une seule demande. Je leur donne l'assurance que je ne me dérobe ni aux interruptions, ni aux questions ; mais je touche à une question passionnante, la plus passionnante qui puisse être posée ici. Elle soulève évidemment à chaque pas, dans l'esprit de nos collègues, des interrogations, des doutes qui répondent à leur état d'esprit particulier ; je leur demande de me faire crédit et de ne pas me presser de questions hâtives avant que j'aie pu développer moi-même dans leur ordre naturel les pensées que j'apporte ici. (*Applaudissements à l'extrême gauche et à gauche.*)

Je disais donc, messieurs, que c'était une erreur de croire que l'incessant rappel de l'hypothèse guerrière était la condition, dans ce pays, de la formation, de la continuation du courage.

Il y a vingt-deux siècles, Périclès disait aux hommes libres d'Athènes : « Vous n'avez pas besoin de flétrir d'avance votre vie pour apprendre à en faire le sacrifice ; vous n'avez pas besoin de vous préparer... »

M. LE MARQUIS DE DION. — Ce sont là des mots ! (*Réclamations à gauche.*)

M. JAURÈS. — ...« vous n'avez pas besoin de vous préparer aux épreuves en sacrifiant d'avance les joies de la vie. Vous faites votre vie libre, libérale, joyeuse, et c'est ensuite le don d'une vie magnifique qu'à l'heure du péril vous faites à la cité ! »

Quel peuple paraissait moins préparé aux redoutables épreuves et aux suprêmes efforts que le peuple français de la deuxième moitié du dix-huitième siècle ?

M. LE COMTE DE LANJUINAIS. — Les conditions de la guerre ne sont plus les mêmes qu'à cette époque. (*Exclamations à gauche.*)

M. JAURÈS. — Il avait été dégoûté de la politique extérieure par les fautes de son gouvernement ; il était conduit par une aristocratie frivole, il croyait à la possibilité immédiate de l'universelle paix ; et pourtant, lorsque vint l'heure de l'épreuve, il suscita de son sein la plus magnifique énergie militaire qu'ait connue l'histoire, parce qu'il était résté vivant et allègre d'esprit et de cœur et non pas immobilisé dans une formule. (*Applaudissements à l'extrême gauche et à gauche.*)

Il n'y a que trois choses qui dégradent le courage d'un peuple : le mensonge, la paresse et le défaut d'idéal.

Nous essayons nous tous, républicains, de faire pénétrer partout ce que nous croyons la vérité ; nous glorifions le travail ; nous sommes des hommes de labeur ; nous proposons un idéal ; nous ne sommes donc pas des préparateurs de lâcheté, mais des éducateurs de courage. (*Applaudissements sur les mêmes bancs.*) Et, pas plus que notre idéal de paix n'est une corruption et un abaissement, il n'est une illusion.

Pour la première fois, depuis que l'Europe moderne est constituée, une période de trente-deux ans s'est écoulée sans qu'il y ait eu choc entre les grandes puissances de l'Europe centrale et occidentale ; sauf le conflit de la Russie et de la Grèce avec la Turquie, puissance demi-orientale, il n'y a pas eu depuis trente-deux ans un seul grand choc militaire en Europe entre les grandes puissances de l'Ouest, du Nord et du Centre ; entre l'Espagne, la France, l'Angleterre, l'Allemagne, l'Italie, l'Autriche-Hongrie, la Russie, il n'y a eu aucun conflit armé. Je dis que c'est un fait sans précédent. Jamais dans la violence des antagonismes, jamais dans le chaos des peuples et des races, jamais dans le fourré des passions et des haines, dans la forêt épineuse et sauvage où rôdent, depuis des siècles, des bêtes de proie, jamais une aussi large clairière de paix n'avait été pratiquée. (*Vifs applaudissements à l'extrême gauche et à gauche.*)

M. LE MARQUIS DE DION. — C'est de la poésie ! (*Nombreuses réclamations à gauche.*)

M. JAURÈS. — Depuis quelques jours, les hommes du centre, désignant les socialistes, disent à la majorité républicaine : Voilà vos alliés. Si je recourais à ce procédé de polémique, je pourrais dire aux hommes du centre : Voilà les vôtres ! (*L'orateur désigne la droite.*) (*Vifs applaudissements à l'extrême gauche et à gauche. — Interruptions à droite.*)

On m'a objecté que j'exagérais la valeur de ce grand phénomène historique, qu'il avait des précédents, que, de 1815 à 1852, il y avait eu aussi en Europe un état général de paix. C'est une erreur : on oublie, quand on parle ainsi, les perpétuelles révoltes des nationalités opprimées en Italie, en Lombardie, dans les États de Naples, dans les États romains, en Espagne, en Pologne, dans l'Allemagne du Sud, et les perpétuelles interventions armées des États de la Sainte-Alliance pour réprimer ces soulèvements des peuples contre les traités de 1815. C'est bien la première fois depuis des siècles, depuis que les nations de l'Europe moderne sont constituées, qu'un aussi long espace de paix a pu se développer en Europe.

Ce qui nous permet d'espérer que ce régime de paix se continuera, c'est que l'Europe est classée aujourd'hui en deux grands systèmes d'alliances qui se contiennent, qui se surveillent, qui se modèrent l'un l'autre sans se heurter, qui préviennent, chez les uns et chez les autres, les entraînements toujours possibles du chauvinisme latent ou les inquiétudes toujours renaissantes des ambitions nationales ou des ambitions dynastiques. Et ce qu'il y a de consolant, ce qui nous permet l'espérance, c'est que ces deux grands systèmes d'alliances, d'abord dressés l'un contre l'autre, à l'état d'hostilité sourde ou de méfiance, évoluent peu à peu dans le sens de la paix, ménagent l'un avec l'autre des entrevues, des rapprochements et commencent à paraître comme une première organisation de l'Europe préparant et ébauchant une alliance plus vaste, l'alliance européenne pour le travail et pour la paix. (*Applaudissements à l'extrême gauche et à gauche. — Interruptions à droite.*)

Prenez garde, messieurs, si vous dites qu'il y a dans mes paroles la naïveté des illusions optimistes, qu'il n'y ait dans vos protestations l'étroitesse de vos illusions pessimistes.

M. Lucien Millevoye. — Il y a le sens de la réalité.

M. Jaurès. — Je dis que c'est précisément au sens de la réalité que je fais appel. Il est vrai que, aussi bien dans l'attitude de la triple alliance que dans l'attitude de l'alliance franco-russe, dans l'interprétation donnée à l'une comme à l'autre, il y a une détente graduelle, il y a un effort commun de rapprochement et de pacification. Je ne dis pas que jamais la triple alliance ait été constituée avec une pensée délibérément offensive contre nous. (*Exclamations et interruptions à droite et sur divers bancs.*)

M. le comte de Lanjuinais. — Dans quel but a-t-elle été constituée alors ?

M. Lucien Millevoye. — Je demande la parole.

M. Jaurès. — Messieurs, où sera la sécurité de ce pays ? Où sera, dans les jours difficiles, le sang-froid nécessaire de notre nation si, dans la période de calme où nous sommes, nous ne pouvons pas analyser impartialement l'état de l'Europe tel que nous le voyons ?

Je ne crois pas que la triple alliance ait été constituée, à l'origine, avec un plan délibérément offensif contre nous. Elle a été constituée pour rendre inattaquables et irrévocables des résultats douloureux pour nous. (*Interruptions à droite.*)

Je ne m'afflige pas, pour ma part, des interruptions. Je ne suis pas un virtuose ; je suis un homme politique, et je me réjouis pour ma cause des interruptions qui se produisent.

M. LE MARQUIS DE DION. — Cela ne nous empêchera pas de dire des vérités.

M. LE PRÉSIDENT. — Je vous rappelle à l'ordre, monsieur de Dion. Vous interrompez sans cesse.

M. LE MARQUIS DE DION. — Tout à l'heure, vous n'avez pas rappelé à l'ordre ceux qui interrompaient M. Lasies.

M. JAURÈS. — Je crois, messieurs, et je dis que, pas plus que la triple alliance dans son ensemble, l'Allemagne, à mon sens, n'a formé contre nous, depuis trente et un ans, un plan d'attaque.

M. LUCIEN MILLEVOYE. — Nous vous prouverons le contraire.

M. GEORGES BERTHOULAT. — Et en 1875 ?

M. EDMOND LEPELLETIER. — Et l'incident Schnœbelé ?

M. LE COMTE D'ELVA. — Vive l'Alsace-Lorraine !

M. JAURÈS. — Est-il donc nécessaire, pour être patriote, de prêter des intentions agressives à tous les pays qui nous entourent ?

J'ai regardé ces événements troubles et redoutables de 1875. J'ai essayé, par les documents publiés de part et d'autre, de m'en faire une idée claire, et je crois que s'il y a eu là un double jeu dangereux et coupable de M. de Bismarck, je crois que s'il avait fait ce calcul de ne pas désavouer assez tôt les coteries de la cour et les feuilles à demi officieuses qui propageaient les menaces de guerre, s'il avait fait ce calcul, en ne les désavouant pas assez tôt, d'essayer en effet, d'inquiéter la France et de ralentir la marche des armements par lesquels elle reconstituait sa force militaire, il n'avait pas décidé de pousser jusqu'au bout la pensée d'agression. Messieurs, si je parle ainsi, ce n'est pas pour diminuer le péril que cette organisation de la triple alliance pouvait faire courir à notre pays, c'est pour en définir le plus exactement possible la nature. Non, nous n'étions pas en face d'une organisation systématiquement et délibérément agressive, nous étions en face d'une organisation qui prétendait maintenir contre nous les avantages acquis, avec une telle brutalité de procédés et une telle arrogance de forme que cela devenait aussi intolérable pour la vie nationale que l'eût été un plan direct d'agression. (*Applaudissements à gauche.*)

M. Lucien Millevoye. — Il y a eu plus.

M. Jaurès. — Monsieur Millevoye, je vous assure que je suis d'une bonne foi absolue, et si vous me démontrez à cette tribune...

M. Lucien Millevoye. — J'essayerai.

M. Jaurès. — ... qu'il y a eu davantage, je vous affirme que je reconnaîtrai ici que vous m'avez appris des faits que je ne connaissais point; mais si vous le démontrez, si vous établissez, contre mon interprétation, que la triple alliance et l'Allemagne ont cherché directement et volontairement un nouveau conflit avec nous, vous démontrerez surabondamment ma thèse, qui est que la force de paix en Europe a été si puissante qu'elle a obligé une organisation d'attaque et de combat à se convertir peu à peu en système défensif. (*Très bien! très bien! à gauche.*)

M. Berthoulat. — Parce que nous avions une armée !

M. Jaurès. — Pourquoi la triple alliance a-t-elle perdu à notre égard ces attitudes provocatrices? Pourquoi l'Allemagne cherche-t-elle aujourd'hui manifestement à établir entre elle et nous des relations pacifiques et presque cordiales? Pourquoi l'Italie, tout en continuant à adhérer à la triple alliance, tout en renouvelant, par une signature récente, le pacte qui l'unit à elle, pourquoi l'Italie a-t-elle pu déclarer à notre ministre des affaires étrangères qu'il n'y avait rien dans le pacte renouvelé dont pût s'inquiéter la France ?

Pourquoi, messieurs? Il y a évidemment des causes multiples; il y a la rivalité économique grandissante de l'Allemagne et de l'Angleterre qui oblige l'Allemagne à chercher sur le continent, sinon des appuis, au moins des sympathies nouvelles, il y a la force constatée, la constance reconnue de l'accord franco-russe. Il y a l'évolution démocratique et libérale de l'Italie, débarrassée de Crispi et de ses survivances, il y a en France même, la victoire de l'esprit républicain, qui est un esprit de paix sur les factions césariennes qui entretenaient en Europe une inquiétude disproportionnée. (*Vifs applaudissements à l'extrême gauche et à gauche.*)

C'est ce progrès de la raison publique et de la démocratie en Europe, c'est l'action pacifiante d'une république décidément maîtresse d'elle-même qui a contribué peu à peu à dépouiller la triple alliance du caractère offensif, selon vous, arrogant et inquiétant, selon moi, qu'elle avait eu jusqu'ici. En même temps que cette évolution de la triple alliance s'accomplissait, un mouvement parallèle se produisait, se marquait, sinon dans l'alliance franco-russe, au moins dans l'interprétation authentique qui lui était donnée.

Contre l'alliance franco-russe je n'ai aucune objection de principe. (*Interruptions à droite.*)

Il y a eu un temps, et tous les républicains de la majorité peuvent s'en souvenir, où le parti républicain lui-même, dans son ensemble, se demandait avec quelque inquiétude s'il serait possible d'établir une solidarité de politique extérieure entre deux pays séparés aussi profondément par la différence des régimes politiques et sociaux. C'est une préoccupation que nous n'avons pas le droit d'avoir. Tant que les nations resteront à l'état de chaos, toujours exposées à se heurter les unes les autres, il se produira dans l'équilibre des forces du monde des combinaisons qui ne procéderont pas de la similitude des institutions. (*Très bien! très bien! à l'extrême gauche et à gauche.*)

D'ailleurs, les choses humaines sont beaucoup plus mêlées qu'il ne le semble quelquefois dans les formules des hommes. Il n'y a pas des pays qui soient toujours les gardiens de la Révolution. La France a eu ses défaillances, et il n'y a pas de pays qui soient toujours les instruments de la contre-révolution. Même pendant la période de la Sainte-Alliance l'antagonisme des intérêts immédiats entre la Russie et l'Autriche a amené plus d'une fois la Russie à jouer à l'égard de l'Autriche, puissance fondamentalement conservatrice et contre-révolutionnaire, un rôle de révolution, et M. de Metternich déclarait redouter les messagers de l'illuminisme russe autant que les messagers du jacobinisme français. Et hier, messieurs, par un singulier rejaillissement, par une de ces combinaisons, par une de ces rencontres paradoxales qui défient les formules toutes faites, c'est le président élu de la grande République des États-Unis qui mettait en jeu l'institution d'arbitrage proposée par le maître absolu de la Russie.

Donc, au point de vue des principes, ni les républicains, ni les démocrates, et je dirai ni les socialistes ne peuvent formuler d'objection essentielle à l'accord franco-russe en tant qu'il reste une alliance purement défensive destinée à maintenir la paix en Europe et à protéger contre toute surprise l'équilibre des nations européennes. Mais s'il est vrai — et peut-être n'est-il pas inutile de constater sur ce point l'unanimité des partis — s'il est vrai qu'à l'accord franco-russe aucune objection de principe ne peut être faite, s'il est vrai qu'il est du devoir de tous les Français, tant qu'un système d'alliances plus large et plus vaste n'aura pas enveloppé et réconcilié toutes les nations européennes, de ne rien faire qui puisse ébranler et détruire cet accord, il y avait bien des précautions à prendre et bien des obscurités à dissiper. Tout d'abord ce fut une grande faute, quand on introduisit l'alliance franco-russe dans la conscience de ce pays, d'en exagérer à ce point l'efficacité, d'en aggraver à ce point la nécessité, qu'il semblait que la France, en dehors de cette collaboration, ne pouvait plus respirer l'air vital et qu'on la livrait ainsi à la merci de celui qui ne devait être qu'un allié. (*Très bien ! très bien ! à l'extrême gauche et sur divers bancs à gauche.*)

Peu à peu les effets funestes pour la dignité même de notre pays qu'entraînait une interprétation étroite de l'accord franco-russe ont apparu et lorsqu'il a été visible, par exemple, sous le ministère de M. Hanotaux, que la France, en Arménie, en Grèce, répudiait toutes les initiatives qui, sans compromettre la paix de l'Europe, auraient évité d'épouvantables massacres et sauvé l'honneur de notre pays, lorsqu'il a paru que la France ne renonçait à ces initiatives que pour suivre le mot d'ordre de la chancellerie de Saint-Pétersbourg, il y eut une protestation qui n'abolit pas l'accord franco-russe mais qui commença à le rectifier.

Aujourd'hui, l'alliance a été ramenée à sa juste mesure et à ses proportions. Et pourtant, ces jours-

ci encore, il y avait vraiment dans le langage de
M. Deschanel et même dans le langage de M. Ribot,
quelques paroles inquiétantes. Je ne veux pas chi-
caner sur les mots, mais lorsque M. Deschanel disait
que la Russie est venue, par sa loyale étreinte,
réchauffer le cœur de la France, je me demandais
si le froid de la peur ou de la mort avait à ce point
glacé le cœur de notre pays. (*Réclamations à droite
et au centre. — Vifs applaudissements à l'extrême
gauche et à gauche.*)

M. Paul Deschanel. — Vous interprétez mal
mes paroles.

M. Jaurès. — Et lorsque M. Ribot opposait la
paix « humiliée » que nous avions subie jusqu'à
l'accord franco-russe à la paix digne et consentie
dont nous jouissons maintenant, il me semble qu'il
oubliait étrangement que l'alliance franco-russe
dont il a signé, je crois, les préliminaires...

M. Ribot. — Et le traité final.

M. Jaurès. — Vous avez signé le fond en 1892...

M. Ribot. — Oui !

M. Jaurès. — ...Il oubliait que l'alliance franco-
russe date de 1892. Et vous me paraissez oublier
étrangement, monsieur Ribot, dans la vertu réparatrice et réconfortante que vous lui attribuez, que de
1870 à 1892, c'est-à-dire pendant vingt-deux ans, la
France a pu sans humiliation, sans abdication,
sans affolement... (*Vifs applaudissements à gauche
et à l'extrême gauche.*)

A l'extrême gauche. — Voilà la vérité !

M. Charles Benoist. — Si vous aviez vécu à

l'étranger pendant ce temps-là, vous ne parleriez pas ainsi !

M. JAURÈS. — ...vous paraissez oublier qu'elle a pu dans cette période, livrée, suivant vous, à tous les hasards et à toutes les inquiétudes, refaire ses finances, refaire son armée, organiser définitivement sa liberté républicaine, se créer un domaine colonial que vous n'avez pas élargi depuis l'alliance franco-russe dans la proportion où il avait été agrandi avant que vous l'apportiez. (*Applaudissements à l'extrême gauche et à gauche.*)

Et songez bien, messieurs, que cette période de notre vie française, sur laquelle la protection de l'alliance franco-russe ne s'est pas exercée, c'était précisément la période la plus difficile, celle qui suivait immédiatement les désastres, celle où tout était à recommencer, où tout était à refaire, et l'alliance qui devait nous sauver est venue surtout quand on a vu que nous étions capables de nous sauver nous-mêmes. (*Applaudissements vifs et répétés à l'extrême gauche, à gauche et sur plusieurs bancs au centre. — Interruptions au centre et à droite.*)

M. GEORGES BERTHOULAT. — Il n'y avait pas alors de parti internationaliste à la Chambre.

M. JAURÈS. — Je dis que c'est un grand bien pour notre pays que peu à peu, dans son bon sens, il ramène les choses à leur juste mesure et à leurs vraies proportions. C'est un grand bien aussi que quelques-unes des illusions dont la naïveté, la sincérité admirable de la conscience populaire avait, à son origine, enveloppé l'alliance franco-russe, aient été officiellement dissipées.

M. Lucien Millevoye. — Vous voulez le « splendide isolement » !

M. Jaurès. — Je m'étonne vraiment d'être interrompu en ce point par notre collègue M. Millevoye, qui a dû connaître de plus près que moi les illusions dont je parle...

M. Lucien Millevoye. — Oui! mais je ne partage pas votre sentiment; je crois que vous faites en ce moment à votre pays tout le mal possible. (*Applaudissements à droite. — Rumeurs à l'extrême gauche.*)

M. Jaurès. —Monsieur Millevoye, il n'y a qu'une chose qui puisse faire du mal à notre pays : c'est de ne pas nous expliquer à fond les uns avec les autres; c'est de laisser subsister des malentendus d'où sortent les surprises et des surprises d'où sortent les désastres. (*Applaudissements à gauche et à l'extrême gauche.*)

Eh bien! je dis qu'une partie de ce pays a cru — et c'est la racine populaire profonde de l'alliance franco-russe — une partie de ce pays a cru, à l'origine, que l'alliance franco-russe n'était pas purement défensive ou du moins que sa pensée défensive n'était en quelque sorte que la préparation d'une autre pensée plus audacieuse et plus hardie.

Plusieurs membres à droite. — C'est vrai!

M. Lucien Millevoye. — Nous avons cru, suivant la parole de Mazzini, qu'avant tout il fallait éviter la prescription ; voilà toute notre politique extérieure.

M. Jaurès. — Vous dites que c'est vrai et avant-hier à cette tribune, l'homme qui me faisait l'honneur de me rappeler il y a un instant qu'il n'avait pas seulement signé les préliminaires, qu'il avait signé le fond de l'alliance franco-russe, cet homme est venu déclarer ici officiellement, je puis le dire, qu'elle avait un caractère purement défensif.

M. Ribot. — J'ai dit qu'elle n'était pas conçue dans une pensée d'agression. Je n'ai pas dit autre chose. (*Applaudissements au centre et à droite. — Mouvements divers.*)

M. Jaurès. — Messieurs, je comprends très bien les nuances qui sépareront toujours les paroles d'un diplomate pensant à d'autres diplomates, de paroles d'un citoyen s'adressant aux citoyens de son pays.

M. Ribot. — Je ne suis pas seulement un diplomate, monsieur Jaurès, je suis un patriote. (*Applaudissements au centre et à droite.*)

M. Jaurès. — Monsieur Ribot, je ne croyais pas qu'un ancien ministre des affaires étrangères établît une antinomie entre la diplomatie et le patriotisme. (*Applaudissements et rires à gauche.*)

Malgré ces réserves la réalité apparaît, et une autre inquiétude que ce pays avait pu encore se former, que le parti républicain avait eu le droit de concevoir, se dissipe. Le temps n'est pas éloigné où on a essayé de jeter l'alliance franco-russe dans la lutte des partis comme un instrument de réaction. *(Applaudissements à gauche et à l'extrême gauche.)*

Lisez ce qu'écrivaient les journaux de nos collègues de droite, et les journaux de M. Méline; ils imprimaient, ils affirmaient que le maintien de l'alliance franco-russe impliquait une certaine prudence, une certaine allure conservatrice dans la marche de la politique intérieure. *(Applaudissements à gauche et à l'extrême gauche.)*

M. Jules Méline. — C'est vrai; la politique révolutionnaire ne peut faire que du tort à l'alliance russe.

M. Jaurès. — Cette manœuvre de la réaction et du modérantisme a été déjouée. L'expérience a démontré que les causes qui avaient constitué l'alliance franco-russe, continuaient leur action sous les régimes de pleine liberté et de pleine démocratie, et vous ne contesterez pas que ce fut pour quelques-uns des vôtres une sorte de déception. *(Applaudissements à gauche et à l'extrême gauche.)*

Il n'est interdit à aucun citoyen, à aucun parti, à aucun homme, russe ou français, de juger librement le mouvement de la politique intérieure ou en Russie ou en France. Que M. Pobiédonostsef publie des livres où notre politique intérieure est âprement censurée; que M. Jules Lemaître, dont le scepticisme gire d'orthodoxie en orthodoxie... *(Rires à gauche et à l'extrême gauche)* ... traduise et recommande ce livre; qu'il essaie, lui, homme de parti, de faire pénétrer, dans notre politique intérieure, certains principes et certaines inspirations de la politique russe; c'est pleinement son droit, comme c'est notre droit, à nous, d'exprimer notre sympathie pour les admirables ouvriers et les admirables étudiants, pour le grand et fervent Tolstoï, qui préparent à la Russie un avenir de liberté constitutionnelle. (*Applaudissements à gauche et à l'extrême gauche.*)

Mais si ce libre échange des sympathies et des idées est légitime entre les individus et les partis, ce qui serait intolérable, ce qui, dès maintenant, est écarté de nous, c'est que jamais un gouvernement français essayât de peser sur notre politique intérieure par des considérations qui seraient tirées de l'alliance franco-russe. (*Applaudissements à l'extrême gauche et à gauche.*)

Ainsi, messieurs, peu à peu, tandis que la triple alliance se dépouillait de son caractère le plus inquiétant, l'alliance franco-russe se précisait, s'éclaircissait, et, des contractants d'un système d'alliance aux contractants de l'autre, de la Russie à l'Autriche, de l'Italie à la France, des liens commençaient à s'établir. Et c'est là ce qui me permettait de dire que le régime de paix qui, depuis trente-deux ans, s'est développé sur l'Europe n'est pas aussi précaire que nous pourrions le redouter, qu'il pourra se continuer, se consolider si cette évolution de tous les systèmes d'alliance se poursuivait dans la direction que je viens de marquer.

Mais comment se fait-il, par quelles raisons expliquer qu'ainsi, depuis plus d'un tiers de siècle et avec des chances sérieuses d'un long prolongement, un régime de paix se soit établi en Europe? Ce n'est pas par hasard, et si·malgré toutes les causes persistantes d'antagonisme, toutes les combinaisons retombent du côté de la paix, c'est qu'il y a évidemment des causes profondes et permanentes qui agissent dans le sens de l'évolution pacifique.

Ces causes, quelles sont·elles? Et si nous ne sommes pas en face d'un phénomène accidentel et précaire, quelles sont les raisons essentielles de ce premier avènement de la paix?

La première de ces causes, c'est que la contradiction redoutable que la Révolution française portait en elle s'est enfin résolue et dissipée : la Révolution a voulu créer en un acte indivisible des démocraties souveraines et des nations autonomes.

La Déclaration des droits de l'homme a dégagé la liberté des individus, et les individus débarrassés des privilèges locaux, corporatifs, féodaux, princiers qui ne les opprimaient pas seulement, mais les divisaient, les individus, selon leurs affinités historiques, ont tendu à se grouper en un grand corps de nations, et c'est ainsi que les citoyens émancipés de 1790 ont fêté leur liberté individuelle dans l'éclat d'une fédération nationale.

La liberté des individus, l'indépendance des nations jaillissaient ainsi du même principe.

Cet avènement simultané, indivisible des démocraties souveraines et des nations autonomes, la Révolution française l'attendait de la paix et rien que de la paix. (*Mouvements divers.*)

Il a été beaucoup question tout à l'heure, dans le discours de M. Lasies, de la Révolution française. Il a même daigné me reconnaître dans le *Père Duchêne*. Je m'imaginais que le *Père Duchêne* était avec vous, messieurs ! (*Applaudissements et rires à gauche et à l'extrême gauche. — Exclamations à droite.*)

Ce qui est vrai, c'est que la pensée essentielle de la Révolution a été une pensée pacifique. Elle a répugné à la guerre par toutes ses tendances, par tous ses principes. Elle voyait dans la guerre le privilège le plus monstrueux des despotes disposant de la vie des hommes ; et, comme elle avait fondé la vie intérieure des nations sur l'idée de contrat, elle s'imaginait que de libres contrats s'établiraient de nation libre à nation libre, elle espérait que les peuples, redevenus maîtres d'eux-mêmes, auraient un si grand intérêt à la paix que jamais elle ne serait troublée.

Cette foi de la Révolution française dans la paix, dans la vertu apaisante de la liberté proclamée par elle, cette foi était si grande que non seulement, dans la période qui a précédé les grands conflits, la Constituante proclamait la loi de la paix, mais encore dans ces années 1792 et 1793 où la guerre était déchaînée par le conflit de la Révolution et du vieux monde, en pleine tourmente, la Révolution continuait à affirmer la souveraineté de la paix. (*Mouvements divers.*)

Savez-vous ce que disait la Législative lorsqu'elle convoquait les citoyens au secours de la patrie en danger ? Elle leur disait : « C'est la lutte de la liberté contre la servitude, c'est donc la dernière des guerres, et nous vous convoquons à la dernière des guerres. » Et lorsque en novembre 1792, la Convention recevait à sa barre les délégués des peuples, que leur disait le président Grégoire ? Il leur disait : « La liberté va faire de l'Europe un seul domaine, la liberté planera sur ce domaine de l'Europe avec le siècle nouveau qui va s'ouvrir et il n'y aura plus ni forteresses, ni frontières, ni peuples étrangers. » Et quelques jours plus tard, lorsque les députés savoisiens apportaient à la France révolutionnaire la libre adhésion de la Savoie... (*Applaudissements.*)

M. EMPEREUR. — Très bien ! Vive la Savoie toujours républicaine et patriote ! (*Vifs applaudissements.*)

M. JAURÈS. — ...le président Hérault de Séchelles, en un grandiose langage, proportionné à l'étendue des événements, leur disait : « Sous les débris de leurs trônes, les rois seront bientôt ensevelis ; il n'y aura plus qu'un trône, celui de la liberté, qui du haut du mont Blanc fera l'appel des nations encore à naître. » (*Vifs applaudissements à gauche et à l'extrême gauche. — Bruit à droite.*)

Messieurs, vous vous imaginez prendre en défaut l'idéalisme de la Révolution, vous vous imaginez qu'elle a reçu un démenti, et il y paraît bien, des événements et des choses. Mais prenez garde que ce démenti ne touche à sa fin et que la vertu même des principes dont vous paraissez bafouer la première et grandiose expression, ne soit sur le point de reparaître et de s'affirmer.

La question que je voulais poser et soumettre malgré vos ironies à vos méditations est celle-ci : Comment la Révolution française ayant ainsi voulu affirmer la paix, ayant gardé sa foi dans l'humanité pacifique jusque dans les orages de la coalition universelle déchaînée contre la France, comment, par quel paradoxe, la Révolution a-t-elle abouti à ce déchaînement de longues guerres ?

Messieurs, ce n'est pas la force de la Révolution qui a abouti au déchaînement des guerres, c'est la faiblesse de la Révolution. C'est parce que la préparation révolutionnaire et en France et en Europe s'est trouvée insuffisante, c'est parce qu'elle n'a pu briser par le seul élan direct des révolutions intérieures les obstacles du vieux monde, qu'elle a, en un jour de désespoir, appelé la guerre comme un adjuvant aventureux. C'est toute la politique de la Gironde disant aux hommes de la Révolution : « Vous voyez bien, vous sentez bien que le roi vous trahit, que la Cour vous trahit, que le roi fausse et qu'il livre en détail la Constitution dont il a reçu la garde. Vous le voyez, vous le sentez, mais vous ne pouvez pas le démontrer. Et pour le démontrer, il faut que la guerre latente qu'il prépare par sa connivence criminelle avec les Cours étrangères, éclate pour obliger la monarchie à se prononcer entre le passé et l'avenir. » — Et c'est alors que Brissot dit cette formidable parole : « Nous avons besoin de grandes trahisons. » Ils avaient besoin de la guerre comme d'un réactif chimique pour faire apparaître la trahison royale qui empoisonnait obscurément les veines de la Révolution. (*Applaudissements vifs et prolongés à l'extrême gauche et à gauche.*)

Et en même temps, de l'autre côté des frontières, même renversement paradoxal des choses et des apparences. Les premières armées françaises allaient en Allemagne, en Belgique, en Italie, pour y porter, non seulement la liberté individuelle, mais l'indépendance nationale. Mais comme les peuples du dehors n'y étaient pas suffisamment préparés, un malentendu formidable se produisit, celui-là même que Robespierre avait prévu lorsqu'il disait au parti de la Gironde : « Ne commettez pas l'imprudence de porter la déclaration des Droits de l'homme aux peuples à la pointe des baïonnettes ; la déclaration sera déchirée et les pointes feront d'irréparables blessures ! »

Il s'est trouvé alors, par un phénomène extraordinaire, que les peuples, incapables par leur seul élan de conquérir et la liberté individuelle et l'indépendance nationale, incapables de mettre un terme au morcellement féodal qui les brisait et les épuisait, il s'est trouvé que ces peuples n'ont pu, comme l'Allemagne en 1815, retrouver l'indépendance et l'unité nationale que la Révolution avait voulu leur porter que dans une guerre paradoxale qui les rassemblait contre la Révolution elle-même. (*Applaudissements.*)

Ainsi la paix est dans les principes de la Révolution, mais la guerre était dans les malentendus

résultant de la faiblesse provisoire de la Révolution. (*Applaudissements à gauche et à l'extrême
gauche.*)

Maintenant les principes sont demeurés. Mais la
force a grandi, et après un siècle de luttes, d'outrages, d'épreuves, des nations autonomes se sont
constituées, des démocraties incomplètes encore,
mais ayant en elles l'instrument d'une évolution
plus marquée, des démocraties se sont organisées
et ainsi peu à peu le virus accidentel de la guerre
qui avait été inoculé à la Révolution s'élimine, le
principe organique de paix qu'elle portait en elle
agit, au contraire, plus efficacement.

Et savez-vous ce que c'est que la paix dont nous
jouissons en Europe depuis un quart de siècle?
C'est le signe et l'effet de la victoire de la Révolution. (*Applaudissements à l'extrême gauche et à
gauche.*)

Or, à cet effet apaisant de la Révolution enfin
victorieuse, à cet internationalisme de la liberté et
de la démocratie, qui rapproche peu à peu les nations unifiées et émancipées, voici que vient s'a-
jouter encore dans le sens de la paix, la puissance
toujours croissante de la vie économique internationale, et l'internationalisme de démocratie et de
liberté de la Révolution se continue par l'internationalisme de production et d'échange des sociétés
accrues et par l'internationalisme de solidarité et
de justice du prolétariat universel organisé. (*Applaudissements à l'extrême gauche.*)

Vous voyez bien, messieurs, que le tissu de la vie

économique internationale est plus serré tous les jours ; vous voyez bien qu'il nous est impossible de donner à aucune des législations que nous préparons, un caractère exclusivement national. Hier, c'était la conférence sur les sucres ; avant-hier c'était une première conférence internationale sur la limitation du travail pour les femmes et pour les enfants ; demain ce sera un code de protection du travail s'étendant dans tous les pays sur la totalité des travailleurs européens ; ce sera le code de l'assurance sociale, des accidents, le code d'assurance de l'invalidité, de la vieillesse, protégeant dans toute l'Europe les travailleurs de tous les pays et créant ainsi une sorte de patrie sociale européenne pour tous les prolétaires. (*Applaudissements à gauche.*)

C'est par là, c'est par le concours de ces deux forces profondes : la Révolution française enfin victorieuse, la vie internationale économique et ouvrière enfin ébauchée, qu'une stabilité sans précédent a été donnée à la paix et que nous pouvons dire : la paix de l'Europe n'est plus une chimère, elle est une possibilité profonde, et il suffira, pour en assurer l'avènement, que les peuples prennent conscience de cette possibilité profonde. (*Très bien! très bien! à gauche.*)

Mais ici se pose pour nous, pour la France, la plus douloureuse alternative et le plus tragique problème. Oui, nous allons vers la paix, oui, nous allons vers un état juridique nouveau des nations; oui, nous reconnaissons le droit de l'humanité à la paix, mais notre nation à nous, notre France à nous, a subi il y a trente-deux ans une atteinte grave qui n'est pas seulement une atteinte à sa grandeur, qui est une atteinte au droit. (*Vifs applaudissements à gauche.*)

Des personnes humaines, des volontés humaines ont été arrachées violemment à la patrie préférée et voulue par elles. (*Applaudissements sur un grand nombre de bancs.*) Ces personnes humaines ont dû subir l'outrage au droit le plus grave, puisqu'il les a frappées à ce point où la vie individuelle communique librement avec la vie collective. Si donc il est vrai que le droit a été violé, et s'il apparaît qu'on ne peut attendre la réparation du droit que d'un retour de la force, quelle tragique alternative imposée à la conscience de notre pays !

Où il est exposé à jeter tout à coup à la traverse de la paix qui s'annonce un terrible *casus belli* fondé sur le droit ; ou il est exposé à renier une parcelle de droit et à ne préparer la grande paix humaine que par un sacrifice partiel du droit humain. (*Très bien! très bien! à gauche.*)

Et qu'est-ce que la paix préparée et achetée par un sacrifice même partiel du droit, si ce n'est la dérision de la paix et l'éternelle consécration de la force ? (*Vifs applaudissements.*)

Voilà en quels termes douloureux et pressants se pose l'alternative et le problème.

Messieurs, si la France n'avait à invoquer que des titres historiques et traditionnels à la possession d'un territoire, s'il n'y avait d'ouvert, entre la

France et l'Allemagne, qu'un litige de frontières, réglé en sens contraire depuis des siècles, selon le déplacement de la force et les variations de la victoire, la question d'Alsace-Lorraine resterait encore pour nous une haute question nationale ; elle ne serait pas une question de droit.

Dans le monde moderne, dans le monde de la Révolution, le droit commence avec la personne humaine (*Très bien ! très bien ! à gauche*), et c'est parce qu'il y a eu des personnes humaines violemment arrachées au milieu historique qui était pour elles la condition du développement vital, qu'une question de droit se pose que nous ne pouvons pas éluder. (*Applaudissements.*)

Mais comment restituerons-nous à ces personnes humaines cette libre disposition d'elles-mêmes qui est la reconnaissance du droit ?

Messieurs, dans l'état présent du monde, ce n'est pas la guerre qui peut être une solution ; elle ne pourrait qu'envelopper d'une violence éternelle ceux-là mêmes que nous voulons arracher à la violence. Non, la solution, la seule, celle que nous promet le monde en mouvement, c'est l'affermissement de la paix générale, c'est l'élargissement de la démocratie.

A droite. — Mais quand ?

M. JAURÈS. — Le jour où un pacte décisif de paix sera conclu entre les peuples européens, le jour où ils se seront donné à eux-mêmes par le désarmement simultané, vous m'entendez bien (*Vifs applaudissements à l'extrême gauche et à gauche*), un gage décisif de sécurité réciproque, ce jour-là, tous les groupes humains, de la Finlande à l'Irlande, de la Pologne à l'Alsace, auront plus de force pour revendiquer leurs droits et pour retrouver le libre jeu de leurs affinités historiques et morales. Ils ne se heurteront plus à la surveillance inquiète et jalouse des nations qui les ont incorporés violemment, ils ne se heurteront plus à la domination des castes militaires ou des aristocraties oppressives ; ils ne seront plus exposés, par le service militaire universel, à devenir dans des guerres impies les instruments de leur vainqueur contre la patrie vaincue d'hier ; ils ne seront plus exposés à voir, dans leurs universités et dans leurs écoles, l'éducation de leurs fils systématiquement déformée par le conquérant qui s'approprie l'histoire et qui la défigure au profit de sa domination. (*Applaudissements à l'extrême gauche et à gauche.*) Ainsi la libre et quotidienne communication se rétablira entre eux et tout le génie du peuple dont ils furent arbitrairement séparés, et sous des formes diverses et multiples la substance même de la patrie leur sera restituée.

A droite. — A quelle date ? C'est un rêve !

M. JAURÈS. — Solution idéaliste, dites-vous. Oui, messieurs, mais dans l'état présent du monde, seule solution positive et réaliste.

Cette solution positive et réaliste, dira-t-on qu'elle ne satisfait pas ce besoin d'équivalence brutale qui n'attend que de la force la réparation des crimes de la force ? (*Applaudissements à gauche.*)

Messieurs, la France n'a pas besoin de ces revanches brutales et troubles. Ah! si, il y a trente-deux ans, dans les jours tragiques, elle avait été saisie de défaillance, si elle n'avait pas donné au monde et à elle-même toute la mesure de son courage, elle éprouverait peut-être le besoin, pour se relever à ses propres yeux, de recommencer le combat.

Mais la France n'a pas besoin de ce nouveau témoignage; elle a été vaincue, elle n'a pas été humiliée et abaissée. (*Applaudissements à l'extrême gauche et à gauche.*) Elle a lutté jusqu'à épuisement de souffle, elle a prodigué son héroïsme et son sang, elle a concentré tous ses fils pour des résistances désespérées, depuis les royalistes de l'Ouest jusqu'aux révolutionnaires de Blanqui sonnant à Paris le tocsin de *la patrie en danger*. Elle a continué le combat au delà des limites mêmes marquées par les sages. Elle a fait plus que cela; elle n'a pas eu seulement cette force d'élan à laquelle la portaient toute son histoire et tout son génie; elle a eu, sous la parole ardente et organisatrice de Gambetta, la longue ténacité de l'effort dans la détresse indéfinie des revers, la fermeté de l'espérance survivant à l'orgueil, l'essor toujours nouveau de la volonté dominant le désastre. Elle a eu, dans le surgissement soudain de la République, un prodigieux renouvellement d'énergie nationale (*Applaudissements vifs et prolongés à l'extrême gauche et à gauche*), la fierté d'un peuple blessé qui demande à son idéal retrouvé la force de vivre et de vaincre, la fierté de l'aigle blessé demandant au soleil la force de planer encore. (*Vifs applaudissements sur les mêmes bancs.*)

Non, elle n'a pas besoin de nouveaux certificats historiques pour son héroïsme et pour son courage, et s'il lui plaît demain, par une large compréhension de l'avenir et du droit, d'entrer dans la grande paix humaine, elle n'y traînera pas avec elle un fardeau de souvenirs humiliants.

Même si les guerres livrées en 1870 sont, comme nous l'espérons, comme nous le voulons, les dernières entre la France et l'Allemagne, elles rayonnent d'un tel héroïsme que nous pourrions, sans embarras, fermer sur cette page douloureuse mais grande, le livre détesté de la guerre. (*Applaudissements sur les mêmes bancs.*)

Les fils du général Margueritte, lorsqu'après avoir recueilli pieusement les terribles souvenirs de l'année douloureuse, ils préparent les esprits à l'avenir de paix, symbolisent admirablement cette continuité de la noblesse morale de la France qui va du devoir d'hier au devoir de demain. (*Applaudissements à l'extrême gauche et à gauche.*)

Nous direz-vous encore — et tout à l'heure, par voie d'interruption, on me demandait la date de la réparation du droit annoncée par moi — nous direz-vous encore : mais, c'est une solution bien lointaine! Et la vôtre? (*Vifs applaudissements à gauche. — Mouvements divers.*)

M. LE COMTE DE LANJUINAIS. — Dans tous les cas nous ne nous réjouissons pas de tout ce qui peut la retarder.

M. Jaurès. — Oui ! A quelle date l'ajournez-vous ?

Je ne veux pas analyser les causes multiples qui, depuis trente-deux ans, ont empêché la France de manifester par un acte de force la revanche de son droit. Mais les années passent et nul de vous ne prend la responsabilité de dresser à l'horizon prochain la possibilité de la guerre. (*Mouvements divers.*)

Il y a une différence entre vous et nous. Nous nous trompons peut-être ; mais du moins lorsque nous travaillons à l'expansion des démocraties et au rapprochement des peuples, nous avons la conscience de hâter autant qu'il dépend de nous la solution espérée par nous. Et vous, si vous attendez cette solution des aventures et des hasards de la force, il y a quelque chose de terrible contre vous : c'est que, cette solution, vous-mêmes vous la redoutez, vous-mêmes vous la reculez, vous-mêmes vous l'ajournez, vous-mêmes ainsi vous travaillez contre elle. Et si ceux de là-bas pouvaient se sentir abandonnés, si un jour les âpres chemins de la protestation pouvaient disparaître sous la chute des jours comme sous la chute des feuilles mortes un sentier effacé, c'est parce que vous auriez traîné de déception en déception les vaines espérances suscitées en eux ; c'est parce que vous ne leur auriez offert dans une perspective incertaine que le fantôme fuyant d'une liberté ensanglantée, et que la possibilité d'une guerre dont vous-mêmes vous ne voulez pas ! (*Vifs applaudissements à l'extrême gauche et à gauche.*)

Non, nous ne sommes pas des rêveurs ; non, nous ne sommes pas des chimériques ; nous sommes les grands réalistes de la justice et du droit ! (*Applaudissements à gauche et à l'extrême gauche.*)

Ah ! vous demandez quelquefois à propos de politique intérieure comme de politique extérieure : mais enfin quelle est votre solution ? Comme si aucun homme, aucun parti, aucune nation tenait dans le creux de sa main toute la révolution sociale espérée, ou toute la justice, ou toute l'humanité pacifique de demain !

L'avenir, messieurs, n'est pas dans des recettes de parti ; l'avenir n'est pas dans une mécanique qu'il suffirait de tourner ; l'avenir se fait peu à peu quand on a un point de vue et une méthode. Ce que nous vous proposons, c'est de surveiller les événements au point de vue de la paix ; c'est de conduire tous vos actes avec la méthode de la paix.

Voilà ce que nous vous disons, voilà ce que nous voulons, c'est la grande règle de la politique extérieure, non seulement socialiste mais républicaine.

Ah ! c'est en vain qu'on essaiera de diviser les républicains, en jetant sur nous, socialistes, les soupçons et les calomnies. Oui, c'est entendu, mes amis et moi nous sommes les agents de l'étranger. Mais, lorsque je me retourne vers cette majorité républicaine, lorsque je regarde un peu dans notre passé républicain d'hier, savez-vous que je ne trouve pas une seule tête dans le parti républicain qui n'ait été marquée de cet anathème ? (*Vifs applaudissements à gauche et à l'extrême gauche.*)

C'était le « Génois » Gambetta renvoyé sous le nom de Gamberlé au ghetto de Gênes (*Nouveaux applaudissements sur les mêmes bancs*); ce même Gambetta que nous aurions de la peine à retrouver sous la profondeur des outrages que vous avez accumulés sur lui. (*Applaudissements à gauche.*) C'était le « Badois » Spuller! (*Applaudissements à gauche.*) C'était le « Prussien » Ferry! C'était Clemenceau, Rochefort, — Rochefort, ô démence! — acheté par n'importe quel pays! (*Vifs applaudissements à l'extrême gauche et à gauche.*) C'était Burdeau! Tous inscrits sur une liste qui fut portée à cette tribune. C'était l' « Anglais » Ribot. (*Rires et applaudissements à gauche.*) Tous, tous! tous les républicains, tous ceux qui ont lutté pour la patrie, pour la liberté, pour le droit, tous chassés de la Révolution par les contre-révolutionnaires, chassés de la patrie par les fils des émigrés (*Bravos et applaudissements à l'extrême gauche et à gauche*), nous tous expropriés de notre œuvre et de notre droit, de l'œuvre de nos pères et du droit immortel sauvé par nous.

Ah! messieurs, toutes ces armes s'étaient enfin ébréchées et faussées, et on avait été obligé, pour calomnier la République et les républicains, d'accumuler tant de faux misérables, tant de mensonges percés à jour, qu'on avait, un moment, paru renoncer à ce système d'abaissement. Et, maintenant, on le reprend sur votre extrême gauche avec l'espoir que vous laisserez faire et que lorsque l'arme aura repris ainsi sur nous sa trempe et son efficacité, on la retournera contre votre poitrine et contre votre cœur. (*Vifs applaudissements à l'extrême gauche et à gauche.*)

Et moi, je dis à vous tous, républicains : Souvenez-vous que, dans notre histoire, il y a deux forces indivisibles et deux mots synonymes : contre-révolution et calomnie ! (*Applaudissements vifs et prolongés à l'extrême gauche et à gauche. — L'orateur, en retournant à son banc, reçoit de nombreuses félicitations.*)

Sur plusieurs bancs. — Nous demandons une suspension de séance.

M. LE PRÉSIDENT. — Il n'y a pas d'opposition ?... La séance est suspendue.

RÉPLIQUE DE M. A. RIBOT

RÉPLIQUE DE M. RIBOT

M. Ribot. — Je demande à la Chambre quelques minutes pour répondre au très beau discours qu'elle vient d'entendre.

J'aurais laissé volontiers au Gouvernement le soin de faire les réserves qu'il est nécessaire de formuler après ce discours, de relever ce qu'il peut y avoir de dangereux dans le langage de mon honorable collègue, M. Jaurès.

Je commence par dire que je ne suis pas de ceux qui jettent à leurs adversaires l'accusation de manquer de patriotisme. Ce n'est jamais de nos bancs qu'est parti un pareil reproche. Je crois, monsieur Jaurès, à votre patriotisme comme au mien. Et si, un jour, la France était menacée, vous n'avez pas besoin de me dire que vous seriez à côté de nous pour défendre le pays. (*Applaudissements au centre et à gauche.*)

M. Jaurès. — C'est par respect pour la Chambre que je ne l'ai pas dit.

M. Ribot. — Mais il y a des erreurs, des illusions

qui peuvent être dangereuses, et vous me permettrez, à moi, qui ai une large responsabilité et qui ai suivi, par devoir, nos affaires extérieures, de vous soumettre très simplement les observations que m'a suggérées votre langage. (*Très bien! très bien! au centre.*)

Vous avez tracé un tableau fort éloquent de ce qu'a été, au dehors, la Révolution française et vous avez voulu établir que, si elle avait été plus violente à l'intérieur, la Révolution française aurait été plus pacifique à l'extérieur et qu'elle n'aurait pas porté le drapeau de la France sur tous les champs de bataille.

Je ne veux pas discuter ces vues historiques et je laisse aux historiens de cette période, à mon éminent ami M. Sorel, le soin d'établir quelle a été la véritable politique de la Révolution.

Mais vous faites ici de l'histoire vivante, de l'histoire qui s'applique aux choses d'hier, aux choses d'aujourd'hui et aux choses de demain. Prenez garde alors à votre langage!

Car nous ne sommes pas ici une académie ; nous sommes une réunion d'hommes politiques qui ont la garde des intérêts les plus graves du pays (*Applaudissements*), et quoique vous ne soyez pas du Gouvernement, à raison de l'action que vous avez sur la majorité de la Chambre et du caractère quasi officiel que vous prenez... (*Interruptions à l'extrême gauche.*)

M. JAURÈS. — Comment?

M. RIBOT. — ...par votre élection à la vice-présidence de la Chambre, il est nécessaire de ne pas laisser passer des paroles assurément imprudentes et qui demain pourraient devenir dangereuses. (*Très bien! très bien! au centre et sur divers bancs.*)

Vous nous avez fait l'histoire de l'alliance franco-russe. Autrefois vous teniez un autre langage; c'était celui de la raison et du patriotisme. Aujourd'hui vous vous efforcez d'établir que l'alliance franco-russe était inutile...

M. JAURÈS. — Non!

M. RIBOT. — L'avez-vous dit?

M. GÉRAULT-RICHARD. — Mais non!

M. RIBOT. — Tant mieux si nous sommes d'accord. Mais alors si cette alliance était nécessaire, si nous avons eu raison de la faire et si nous devons aujourd'hui la maintenir sans l'ébranler par des discussions inutiles et dangereuses, pourquoi êtes-vous venu à cette tribune...

M. JAURÈS. — Il y a huit jours qu'on m'y appelle.

M. RIBOT. — Je ne vous reproche pas assurément d'avoir pris la parole, mais pourquoi êtes-vous venu dire ici que jamais la triple alliance n'avait eu dans la pensée de ses auteurs un caractère offensif contre la France. Qu'en savez-vous? Même si cela est vrai, est-ce à nous de le dire? (*Applaudissements au centre et à droite. — Interruptions à l'extrême gauche.*)

Je ne dis rien qui puisse blesser personne ici. Je dis que ce n'est pas à nous à rechercher quelles intentions ont présidé à la triple alliance.

A l'extrême gauche. — Pourquoi?

M. RIBOT. — Si vous voulez suivre les faits, si vous avez oublié d'où est née la double alliance qui a servi de contre-poids à la triple alliance, permettez-moi de vous dire que votre mémoire est courte. Vous vous êtes porté garant des intentions pacifiques de l'Allemagne en 1875...

M. JAURÈS. — Oh non !

M. RIBOT. — Vous avez dit qu'à ce moment le comte de Bismarck n'avait pas eu l'idée de nous attaquer. Lisez donc les deux volumes qui viennent d'être publiés par les soins pieux d'une personne qui touchait de près à M. Thiers ; vous verrez dans cette histoire dramatique, si angoissante à certains jours, M. Thiers luttant dans le Parlement, essayant de maintenir une majorité, voulant libérer le territoire, et aussi préoccupé de certaines menaces que semblait provoquer notre relèvement militaire...

M. JAURÈS. — M. Thiers n'était plus là en 1875.

M. RIBOT. — Mais dès avant 1875, monsieur Jaurès, il y avait déjà quelques inquiétudes. On trouvait que notre armée se reconstituait trop tôt. En 1875 s'est produite une crise ; vous savez comment elle s'est dénoncée et comment nous avons assisté à l'ébauche de ce grand acte de 1891 entre la Russie et la France. (*Vifs applaudissements au centre et à droite.*) Quand a éclaté cet incident Schnæbelé qui a pendant quelques jours jeté un sentiment d'angoisse dans ce pays tout entier, l'alliance n'était pas faite, et nous sentions que nous n'avions pas dans le monde cette amitié sûre qui pouvait nous donner ce que vous avez appelé vous-même, dans des articles que j'ai là, une force incomparable dans le monde.

La guerre n'a pas éclaté, c'est vrai. Mais auriez-vous pu répondre que nous n'aurions pas été attaqués? Auriez-vous pu vous porter garant de la sagesse de ce grand pays voisin, si pacifique qu'il soit, quelque intérêt qu'il puisse avoir à maintenir le *statu quo*?

Quelques années plus tard, à l'occasion d'incidents qui sont présents à toutes les mémoires, n'avons-nous pas eu les mêmes inquiétudes, n'avons nous pas senti avec la même émotion poignante la nécessité de rétablir un certain équilibre de forces en Europe ?

Messieurs, cela est de l'histoire. Elle est peut-être peu connue, mais ceux qui l'ont vécue en ont gardé un souvenir tel qu'ils ne l'oublieront de leur vie. Oui, c'est au lendemain de la visite à Paris de l'impératrice Frédéric, au lendemain de l'émotion et des incidents qu'elle avait provoqués que l'empereur Alexandre III nous a fait les offres que nous avons acceptées.

J'ai dit, et non certes dans un sentiment de vanité qui est bien loin de ma pensée, j'ai dit que j'avais pris la responsabilité de cet acte. Je l'ai prise avec M. de Freycinet président du conseil, et avec un homme pour qui j'ai eu toujours le plus profond respect avant même que la mort l'eût consacré, le président Carnot (*Applaudissements sur un grand nombre de bancs*), qui dans sa modestie de vrai et sincère républicain, avait la notion la plus haute, la plus admirable de ses devoirs envers la France et qui, sans ostentation, sans faire appel à une publicité inutile, a été dans toutes ces négociations le conseiller le plus vigilant et le plus hautement inspiré de la France. (*Applaudissements sur les mêmes bancs.*)

Nous avons signé cette alliance. Eh bien ! monsieur Jaurès, je vais vous défendre contre vous-même. Si quelqu'un dans ce pays a salué avec enthousiasme l'acte de Cronstadt, c'est vous.

M. JAURÈS. — Je ne l'ai pas renié.

M. RIBOT. — C'est à votre honneur, je tiens à le dire ; vous avez dit : « Oui, la République a pu faire ce que jamais ni la monarchie ni l'empire n'avaient pu faire. N'ayant d'autre intérêt que celui de la France, elle a désormais dans le monde, aux yeux de tous, la grandeur inviolable et sacrée de la France elle-même.

« Voilà pourquoi les fêtes de Cronstadt ont été si belles et si émouvantes.

« Entre les cœurs russes et français, aucun malentendu ne subsistait, aucune réserve ; la France, en saluant le drapeau de la Russie, n'abaissait pas le sien et la fierté républicaine ne s'humiliait pas devant la loyauté monarchique.

« L'Europe a compris que la Russie accueillait la France tout entière, et que ces deux nations, s'acceptant ainsi pleinement l'une et l'autre, constituaient tout à coup une force incomparable.

« Cette manifestation de Cronstadt aura des effets

décisifs pour nous à l'intérieur et à l'extérieur... »
(*Applaudissements au centre et à droite.*)

Ah ! ici je ne voudrais pas vous compromettre.
Vous montriez que le premier effet de ce rapprochement, serait de faciliter l'accession des ralliés à
la République, d'y faire entrer définitivement la
droite. (*Interruptions.*) Vous disiez :

« Après la formation timide d'une droite constitutionnelle... le tsar de Russie aura contribué à
rallier à la République française les monarchistes
attardés. » (*Applaudissements et rires au centre.*)

M. JAURÈS. — Je ne me sens pas compromis.

M. RIBOT. — Si l'un des membres qui siègent au
centre de cette Assemblée avait tenu un pareil
langage, quels reproches ne partiraient pas contre
lui des bancs où siège aujourd'hui M. Jaurès ? Mais
vous voyez où allait le lyrisme du journaliste de
1891 ; il ajoutait :

« A l'extérieur, les sympathies éclatantes et réci-
proques de la Russie et de la France contribueront
au maintien de la paix européenne, de deux façons :
d'abord la triple alliance hésitera beaucoup plus à
attaquer la France et la Russie amies. » (*Vifs applaudissements et rires au centre et à droite.*)

Messieurs, voilà la plus belle apologie qui ait été
faite de l'acte de 1891. J'ai voulu rendre justice à
M. Jaurès.

Je ne cherche pas ici à accentuer nos divisions
vis-à-vis de l'étranger, et j'en appelle des paroles,
aujourd'hui imprudentes, hier surtout imprudentes,
de M. Jaurès, à ce langage qu'il tenait en 1891.

Mais M. Jaurès nous dit : Cette alliance a consacré en quelque sorte le *statu quo* en Europe, puisqu'elle n'est pas agressive; elle est une sorte de sceau mis sur les malheurs de la France.

Eh bien! non, je ne puis pas laisser dire cela, et j'ai rectifié de mon banc; je devais le faire pour la France. Non, cette alliance n'a pas été conçue dans une pensée d'agression, mais elle n'est pas inspirée de l'esprit que vous voudriez voir se développer dans la Chambre. Nous n'y avons écrit à aucune page que nous avions confiance dans ces idées lointaines de l'établissement de la paix par le respect du droit, sans l'intervention de la force. J'ai dit, comme ministre des affaires étrangères, à cette tribune, ayant alors ma responsabilité, qu'on ne pouvait pas nous demander de rien oublier. (*Vifs applaudissements.*)

Je le répète aujourd'hui comme député, parce que si un pays, qui a été vaincu comme le nôtre, se prêche à lui-même les résignations trop faciles, il perd quelques-unes de ces chances de réparation auxquelles vous faisiez appel dans un si magnifique langage. Il ne suffit pas de dire que le droit appartient à l'Alsace-Lorraine; il faut en même temps réserver, en restant forts, en ne les effaçant par aucune parole imprudente, toutes les chances que l'avenir peut nous réserver. (*Applaudissements sur les mêmes bancs.*)

Savez-vous ce que sera l'avenir? Savez-vous quelles complications inattendues, imprévues peuvent demain faire naître les problèmes les plus

graves et les plus redoutables pour nous? Oserez-
vous affirmer qu'alors nous n'aurons pas besoin
d'être forts? Si pacifiques que nous soyons, pou-
vons-nous attendre la revanche du droit ou même
la sécurité de notre pays uniquement de l'application de ces belles théories qui assurément donnent
lieu au plus magnifique langage, mais qui, lorsqu'on
les serre de près, contiennent dans leurs flancs
les plus cruelles, les plus dangereuses déceptions
pour l'avenir. (*Applaudissements au centre et à
droite.*)

L'empire était également pacifique avant 1870.
Il ne voulait pas la guerre; il ne la cherchait pas,
pas plus que nous ne la cherchons; mais il a commis la faute énorme de ne pas tenir nos forces au
plus haut degré de tension; il a eu le tort aussi de
subir, permettez-moi de le dire, l'effet dissolvant et
singulièrement dangereux de ces théories que
nous voyons reparaître à la tribune. (*Applaudissements sur les mêmes bancs au centre et à droite.*)

Les murs de cette Chambre ont gardé l'écho des
discours où ces théories étaient développées avec
un talent presque égal au talent merveilleux que
vous possédez, monsieur Jaurès. Nous applaudis-
sions alors, comme on vous applaudissait tout à
l'heure. Mais quand la France a saigné, quand elle
a été sous le pied de l'étranger, nous avons senti
que c'étaient là des rêveries dangereuses (*Nouveaux
et vifs applaudissements sur les mêmes bancs*), que
c'était là de l'idéologie, et nous nous sommes dit
que, tant que nous serions de ce monde, n'oubliant

pas les fautes commises, n'oubliant pas les dangers auxquels nous avions été livrés, nous ne ferions rien — rien, entendez-vous? — pour affaiblir cette idée, nécessaire encore parmi nous, que les grands conflits ne se résolvent pas uniquement par des morales, mais que, jusqu'à nouvel ordre, jusqu'à un développement plus complet de la civilisation, ils se résolvent aussi par le sentiment que les autres ont de notre force et de la solidité de notre armée. (*Nouveaux applaudissements sur les mêmes bancs.*)

Vous avez dit qu'il y avait quelque chose de changé, parce que nous avons assisté à trente-deux années de paix, et que ce fait devait amener certains changements aussi dans nos intentions, dans nos habitudes et même dans les engagements que nous avons pris. Je ne puis croire que cela soit votre pensée, je veux croire, monsieur Jaurès, qu'avec nous tous vous estimez cette alliance, que vous saluiez en 1891, aussi nécessaire aujourd'hui qu'elle l'était il y a dix ou douze ans...

M. Jaurès. — Je n'ai jamais dit le contraire!

M. Ribot. — Tant mieux ; je prends acte de vos paroles. Mais alors, si c'est là votre pensée, quel besoin y a-t-il d'apporter à cette tribune des paroles qui ne peuvent que créer des malentendus? Nous sommes surveillés en Europe; chacune des paroles qui se prononcent ici ont leur écho au dehors.

M. Gérault-Richard. — La voilà, l'humiliation!

M. Ribot. — Il n'y a pas d'humiliation, monsieur

Gérault-Richard, à éviter des imprudences de langage.

M. AUGÉ. — Il faut dire cela aux nationalistes !

M. GÉRAULT-RICHARD. — Il y a humiliation puisque nous sommes sous la surveillance de la police européenne !

M. RIBOT. — J'ai le droit de parler de cette question ; il n'y a pas d'humiliation, quand on veut maintenir une situation diplomatique que l'on considère comme indispensable à ce pays, à observer dans la discussion de ces actes une certaine réserve. Prenez garde qu'on n'interprète le langage de M. Jaurès au delà même de la pensée qu'il y met ; prenez garde d'affaiblir ces actes nécessaires, si ce n'est pas votre intention.

Vous me dites que vous voulez les maintenir. Soit ! Je suis heureux de votre parole. Mais alors ne prolongeons pas ce débat, (*Bruit à l'extrême gauche*) et n'allez pas tenir imprudemment ailleurs, soit dans des discours, soit dans des lettres qu'on regrette ensuite (*Exclamations à l'extrême gauche*), un langage qui, permettez-moi de le dire, froisse les sentiments les plus intimes de ce pays.

Alors même, monsieur Jaurès, que nous n'aurions rien à attendre des réparations futures, alors même que la résignation nous serait commandée, ce n'est pas à nous à le dire. (*Vifs applaudissements au centre et à droite.*)

Nous devons nous souvenir qu'il y a ailleurs des hommes qui ont souffert dans leur existence nationale ; il y a une pudeur du patriotisme comme il y a une pudeur de la vertu. (*Applaudissements au centre et à droite.*) Autant je réprouve et j'écarte de mon chemin ceux qui se font du patriotisme une sorte de politique personnelle, qui cherchent à exploiter bruyamment ce sentiment qui doit nous être commun à tous, autant j'ai le droit de vous dire — simplement et sans animosité — qu'il y a des paroles qu'il ne faut pas prononcer quand on a une responsabilité comme la vôtre, et, quand on les a prononcées, qué la seule façon de les effacer, c'est de ne point les apporter de nouveau à cette tribune. (*Bruit à l'extrême gauche.*)

Mais je reviens à l'objet de l'interpellation qui me paraît avoir été singulièrement oublié. (*Très bien! très bien! au centre et à droite.*)

Est-ce qu'il s'agit de voter comme sanction à ce débat un ordre du jour sur l'alliance russe? Non! Il s'agit des menées qui peuvent affaiblir l'armée, instrument nécessaire du maintien de notre sécurité nationale. (*Applaudissements au centre et à droite.*)

Voilà ce qui est en question et votre magnifique diversion n'aura pas pour effet de nous faire oublier le point précis de ce débat sur lequel il faut que vous vous expliquiez et que le Gouvernement s'explique. Nous voulons tous maintenir l'armée et la maintenir forte, nous voulons écarter d'elle toutes les influences dissolvantes, meurtrières.

Eh bien ! que dites-vous de ces abominables pamphlets qui sont colportés dans nos casernes et où l'on dit que l'armée est la honte de la France, qu'il faut désobéir aux officiers, tirer sur eux au besoin et déserter ? Voulez-vous les désavouer à cette tribune et dire que cela est abominable ? (*Vifs applaudissements au centre et à droite.*)

Voulez-vous dire que l'orateur qui, à Sens, a adressé à M. Hervé ce compliment d'avoir le premier tenu le langage du bon sens et du patriotisme a laissé échapper une phrase qu'il doit aujourd'hui regretter de toute son âme ? Voulez-vous nous dire cela ? Alors bien des choses s'expliqueront.

Vous m'avez dit, dans la forme la plus douce, que j'avais semblé faire un pas vers les bancs socialistes.

M. JAURÈS. — Oh ! vous en faites aujourd'hui un en arrière. (*On rit.*)

M. RIBOT. — Non, je reste où je suis. (*Applaudissements au centre et à droite.*) Le langage que j'ai tenu l'autre jour ne contenait d'avances à personne. Je ne cherche dans cette Chambre aucune combinaison ; je ne me prête à aucune intrigue. (*Mouvements divers.*) Non ; le langage que j'ai tenu, je l'avais tenu à Marseille avant les élections. Je ne vais pas à vous. Je m'afflige que vous croyiez et que l'on vous donne le droit de croire que vous êtes partie nécessaire d'une majorité dans le Parlement français, qu'on ne peut rien faire sans vous...

M. JAURÈS. — On s'est longtemps passé de nous.

M. RIBOT. — On s'en passera encore. Vous êtes entrés dans le ministère à la faveur du trouble qui existait dans les esprits, M. Millerand l'a dit lui-même tout haut dans son discours de Firminy et depuis, vous faites tout pour persuader à la Chambre que sans vous on ne peut faire de politique républicaine.

Je n'ai contre vos personnes aucune animosité ; toutes les fois que nos votes peuvent se rencontrer avec les vôtres sur une de ces grandes questions du progrès moderne ou démocratique auxquelles je ne suis pas plus étranger que vous, je ne suis pas offusqué de voir nos suffrages se réunir, nous ne sommes pas, quoique nous siégions au centre, quoique vous ayiez pour nous bien des dédains et des injustices (*Très bien ! très bien ! au centre*), nous ne sommes pas des hommes d'un autre âge, nous vivons des réalités de ce monde et du temps qui est le nôtre ; nous essayons de nous adapter à ces grandes transformations de la société. Ce qui nous empêche de marcher avec vous, ce qui nous fait souhaiter que le Gouvernement soit libéré de la tutelle que vous lui faites si lourdement sentir (*Applaudissements au centre et à droite*), c'est que vous ne voulez pas, peut-être parce que vous ne pouvez pas le faire, vous ne voulez pas rompre avec vos camaraderies révolutionnaires.

Désavouez donc à la tribune cette abominable brochure de la fédération des bourses du travail ! (*Applaudissements au centre et à droite.*)

Votre silence démontre que cela vous est impossible, cela expliquera au pays pourquoi nous ne pouvons pas marcher avec vous.

Mais, si vous ne pouvez répondre, le Gouvernement, lui, a le devoir de répondre. Je lui demande de s'expliquer et de dire s'il est disposé à tolérer cette propagande abominable.

Il nous dira, j'en suis sûr, qu'il la réprouve. Mais s'il est vrai que ces brochures sont imprimées avec les fonds d'une bourse du travail subventionnée par l'État, je demanderai au ministre du commerce quelles mesures il va prendre. Voilà la question que je pose. Je cède la parole au Gouvernement. *(Applaudissements vifs et répétés au centre et à droite. — L'orateur, en regagnant son banc, reçoit les félicitations de ses amis.* [1])

(1) La réplique de M. A. Ribot a été suivie elle-même d'un discours de M. le Ministre de la Guerre répondant spécialement aux deux interpellations de MM. Dejeante et Lasies.

DISCUSSION DU BUDGET DES AFFAIRES ÉTRANGÈRES

LA COUR D'ARBITRAGE DE LA HAYE

Déclaration du Ministre des Affaires Étrangères
en réponse à une intervention de M. d'Estournelles

Avis conforme de M. Dubief, rapporteur du budget

Vote favorable de la Chambre

LA COUR D'ARBITRAGE DE LA HAYE

M. d'Estournelles. — Messieurs, j'observerai très exactement la consigne que vient de nous donner M. le président de la commission du budget et je ne parlerai ni du Maroc, ni du Siam, ni de la Chine, ni de l'Arménie, ni de la Macédoine, ni du Venezuela, bien qu'il y ait, à mon avis, beaucoup à dire sur ces diverses questions, toutes actuelles.

Je ne parlerai même pas, comme j'y comptais, à propos du chapitre 1er, du développement excessif du personnel des attachés à la direction politique, développement très préjudiciable à la bonne marche du service. Je m'en tiendrai à un seul point, très précis.

Je demande à M. le ministre des affaires étrangères comment il se fait que les dépenses afférentes à l'entretien de la Cour de La Haye en figurent pas au budget? (*Très bien! très bien! à l'extrême gauche et à gauche.*) Je demande comment on ne trouve aucune trace d'une dépense présentant un intérêt si considérable non pas matériellement sans doute, mais moralement; et je demande à toute la Chambre si cette omission n'a pas les apparences fâcheuses d'un oubli systématique ou tout au moins d'un oubli nécessitant des explications catégoriques et rassurantes de la part de M. le ministre des affaires étrangères. (*Très bien ! très bien ! à gauche et à l'extrême gauche.*)

Mon intervention réitérée en faveur de la cour internationale d'arbitrage ne peut être dictée par je ne sais quelle manie sentimentale ou humanitaire ; j'obéis, au contraire, à un parti pris réfléchi, positif et politique, m'inspirant des traditions et des intérêts de la France en même temps que des engagements solennellement contractés par elle, d'un commun accord avec les autres puissances et particulièrement avec le gouvernement russe, promoteur de la conférence de 1899.

Voilà plusieurs années déjà que la Cour de La Haye est instituée et qu'elle devrait fonctionner, et cependant on paraît la croire morte en Europe, et il semble, quand on en parle, qu'on exhume une chose qui n'est plus et qui n'a même existé qu'en rêve.

Est-ce un rêve, pourtant, la circulaire du comte Mourawiev qui a proclamé, le 24 août 1898, la nécessité, l'urgence de cette innovation en dénonçant l'impossibilité de faire durer le système actuel des armements européens ? Le gouvernement du tsar ne s'inspirait-il pas déjà, il y a plus de quatre années, des idées mêmes qui animaient le langage de M. Jaurès et le mien il y a quelques jours ?

Tout ce que je demande cependant au gouvernement de mon pays, c'est de ne pas renier à présent ces déclarations, qu'il a chaleureusement approuvées jadis et qu'il est bon, je crois, de lui relire.

« Le maintien de la paix générale et une réduction possible des armements excessifs qui pèsent sur toutes les nations se présentent... comme l'idéal auquel devraient tendre les efforts de tous les gouvernements. Les vues humanitaires de l'empereur y sont acquises. Ce but élevé répond aux intérêts les plus essentiels... » — vous voyez qu'on ne se place pas seulement au point de vue humanitaire, — « aux intérêts les plus essentiels et aux vœux légitimes de toutes les puissances. Le gouvernement impérial croit que le moment actuel serait très favorable à la recherche... des moyens les plus efficaces d'assurer la paix... et de mettre avant tout un terme au développement progressif des armements actuels.

« Au cours des vingt dernières années, les aspirations à un apaisement général se sont particulièrement affirmées dans la conscience des nations civilisées. La conservation de la paix a été posée comme but de la politique internationale. »

M. Jaurès. — Très bien ! très bien !

M. d'Estournelles. — Ne retrouve-t-on pas là des expressions singulièrement conformes à celles que vous entendiez développer hier encore à cette tribune ? Et n'est-il pas très intéressant de constater que la circulaire impériale était grandement aussi audacieuse ou chimérique, ou raisonnable, comme vous voudrez, que les discours prononcés par divers orateurs français à cette tribune ? M. Ribot n'y re·

trouve-t-il pas, comme M. Jaurès, quelques-unes de ses paroles ?

Je continue en insistant sur cette déclaration qui précise et le caractère et la signification et la portée de l'alliance russe : « La conservation de la paix a été posée comme but de la politique internationale. C'est en son nom — écoutez bien cela, messieurs, — c'est en son nom que les grands États ont conclu entre eux de puissantes alliances. » — Les grands États, par conséquent la France et la Russie; c'est assez clair !

Mais écoutez la suite, et vous verrez poindre à Saint-Pétersbourg la déception dont j'ai parlé :

« Tous ces efforts n'ont pu aboutir encore à la pacification souhaitée... »

Et le comte Mourawiev, se plaçant lui aussi au seul point de vue économique et financier des grands pays intéressés, poursuit par ces mots de jour en jour plus actuels :

« Les charges financières, suivant une marche ascendante, atteignent la prospérité publique dans sa source; » — ainsi parlait M. Ribot — « les forces intellectuelles et physiques des peuples, le travail et le capital sont en majeure partie détournés de leurs applications naturelles et consumés improductivement. Des centaines de millions sont employés à acquérir des engins de destruction effroyables qui, considérés aujourd'hui comme le dernier mot de la science, sont destinés demain à perdre toute valeur... »

« La culture nationale, le progrès économique,

la production des richesses se trouvent paralysés ou faussés dans leur développement.

« Aussi, à mesure que s'accroissent les armements de chaque puissance, répondent-ils de moins en moins au but que les gouvernements s'étaient posé. Les crises économiques, dues en grande partie au régime des armements à outrance, et le danger continuel qui gît dans cet amoncellement du matériel de guerre, transforment la paix armée de nos jours en un fardeau écrasant que les peuples ont de plus en plus de peine à porter. Il paraît évident, dès lors, que si cette situation se prolongeait, elle conduirait fatalement à ce cataclysme même, qu'on tient à écarter, et dont les horreurs font frémir à l'avance toute pensée humaine. »

Quoi de plus catégorique que ces avertissements, ces protestations? Elles ne sont pas révolutionnaires, pourtant; elles émanent, au contraire, d'un gouvernement, mais d'un gouvernement clairvoyant et pénétré de la nécessité de prévenir les révolutions et les guerres, les cataclysmes à l'intérieur et à l'extérieur.

M. le comte Mourawiev conclut :

« Mettre un terme à ces armements incessants et rechercher les moyens de prévenir les calamités qui menacent le monde entier, tel est le devoir suprême qui s'impose aujourd'hui à tous les États... »

Tout est dit, messieurs, et avec la plus évidente clarté, dans cette circulaire, déjà vieille de bientôt cinq ans.

Et qu'a répondu notre gouvernement? Qu'il était tout acquis à ces propositions; que la France tenait à donner, la première de toutes les grandes puissances, son adhésion à la circulaire du comte Mourawiev...

Tout cela est imprimé dans le *Livre jaune*. Dira-t-on que ce sont des mots ?

Et les autres puissances, qu'ont-elles répondu ? Elles ont répondu « par les témoignages du plus chaleureux assentiment », écrit le comte Mourawiev le 11 janvier 1899. Et, dès lors, on fixe le programme de la future conférence. Ce programme contient deux points principaux :

1° Non augmentation des budgets de guerre ;

2° Organisation de l'arbitrage.

Est-ce, encore une fois, un langage révolutionnaire, antimilitariste et antipatriotique?

Mais on ne s'en est pas tenu à un programme. On est passé à l'exécution. Sans doute, les puissances n'ont pas pu préparer un désarmement général avant d'avoir établi, préalablement, un régime, une organisation de la paix. Ce résultat était à prévoir. Mais elles ont éprouvé pourtant le besoin de se justifier ou de s'expliquer devant l'opinion, et je n'apprendrai rien à personne en disant que M. Léon Bourgeois a rendu un service dont tous les gouvernements, sans distinction, lui ont su grand gré, en faisant voter à l'unanimité par la conférence un vœu en faveur de la limitation générale des armements.

Ce n'était qu'un vœu, soit. Aussi la conférence

a-t-elle senti la nécessité de donner à l'opinion du monde entier une satisfaction plus réelle et plus immédiate. A défaut du désarmement attendu, elle a voulu du moins organiser une justice internationale, prélude nécessaire, et c'est ici que je rappelle particulièrement à M. le ministre des affaires étrangères les obligations que nous avons contractées. La conférence a décidé que, pour nous acheminer vers ce désarmement que tout le monde désire, il fallait commencer par instituer une cour permanente d'arbitrage. (*Applaudissements à gauche et à l'extrême gauche.*)

Elle a décidé cela; ce n'est pas un rêve, je le répète, mais on pourrait le croire quand on voit le compte dérisoire qui a été tenu d'une telle décision.

Et les membres de la conférence étaient si bien préparés à cette déception, nous étions si peu des philosophes, des utopistes et des rêveurs, que nous avons eu grand soin de prendre nos précautions contre ceux des gouvernements qui voudraient éluder leurs obligations. Que tous ceux d'entre vous, messieurs, qui s'intéressent, avec le pays tout entier, à l'avenir d'une institution si importante, que ceux-là lisent les procès-verbaux de la conférence, procès-verbaux imprimés et publiés à La Haye, mais aussi soigneusement dissimulés, d'ailleurs, que les comptes et les dépenses de la cour d'arbitrage. Qu'ils lisent les procès-verbaux du comité d'examen, notamment ceux des séances n° 6 et n° 13, les discours de M. Léon Bourgeois et ceux de la délégation française, qui ont entraîné des votes unanimes, des remerciements, des félicitations des représentants des autres puissances ; ils verront comment toutes les précautions ont été prises, heureusement, pour que les gouvernements fussent, bon gré mal gré, toujours ramenés à l'observation des conventions de La Haye et pour qu'ils ne pussent pas éluder leurs responsabilités et leur propre décision. (*Applaudissements à gauche et à l'extrême gauche.*)

Nous nous sommes dit, sans nous faire la moindre illusion, qu'il serait très difficile, en effet, d'obtenir des gouvernements qu'ils appliquassent la convention de La Haye; cela était prévu déjà en 1901. Nous avons examiné tous, d'un commun accord et dans des discussions mémorables, prolongées, réitérées, par quels moyens on arriverait à empêcher cela.

Nous avons cherché plusieurs moyens et c'est celui que la délégation française a suggéré qui a prévalu, qui a fini par être accepté, à l'unanimité, — d'abord par le comité d'examen, puis par la grande commission d'arbitrage, puis enfin en séance plénière solennelle. C'est ainsi que nous sommes arrivés, par une conclusion pratique, à organiser une institution vraiment vivante, en empêchant, comme je le disais il y a huit jours, les gouvernements d'étouffer leur œuvre.

Et nous n'avons usé d'aucun stratagème, d'aucun procédé diplomatique pour atteindre ce résultat. Nous avons fait appel nettement, hautement, à la conscience et à la raison. (*Très bien! très bien!*)

Les termes mêmes de nos déclarations, si vous vous reportez aux procès-verbaux, sont on ne peut plus significatifs. Nous disions dans la séance du 3 juillet 1899 :

« Messieurs, nous touchons à la fin de nos travaux...

« Nous allons créer une cour d'arbitrage international. C'est quelque chose si on se rappelle que rien de cela n'existait...

« C'est peu de chose quand on pense à tout ce que l'humanité attend. Au moins faut-il que ce peu de chose soit réel. » (*Applaudissements à l'extrême gauche et à gauche.*)

Voilà ce que nous avons dit publiquement et aux applaudissements, non pas d'une partie de la Chambre française, mais aux applaudissements des représentants des gouvernements civilisés, le 3 juillet 1899. Et vos délégués ajoutaient, écoutez ceci, messieurs :

« Songez aux profondes déceptions de l'opinion, si notre œuvre ne doit exister que sur le papier, s'il nous faut constater à notre retour que les résultats matériels de la conférence sont illusoires ; et si les partis extrêmes, s'emparant de notre aveu d'impuissance, vont proclamer partout que nos travaux n'ont été qu'un vain simulacre et une cruelle mystification. »

Telles étaient nos paroles en 1899.

Nos arguments ont frappé la conférence au point qu'elle a décidé d'introduire, dans la convention que vous connaissez, un article spécial, l'article 27.

et dans cet article d'imposer aux gouvernements une obligation toute nouvelle, une obligation morale, un devoir enfin, pour tout dire, le devoir non seulement de reconnaître la cour d'arbitrage, mais d'en faciliter l'accès à toutes les puissances. (*Très bien ! très bien !*)

Tels sont les faits. Tels sont les engagements souscrits. Comment les exécutons-nous ?

Messieurs, nous ne les exécutons pas, nous les éludons.

Et c'est pourquoi j'ai dit, la semaine derrière, que je ne voulais pas voir étouffer l'œuvre de la conférence de La Haye. Oh ! sans doute, je sais bien que personne ici n'a cette intention, mais il n'en est pas moins certain qu'aucun gouvernement européen n'a rien fait pour qu'elle vive. (*Applaudissements à l'extrême gauche.*)

M. JAURÈS. — On veut la laisser mourir d'inanition !

M. D'ESTOURNELLES. — Oui ! d'inanition.

Eh bien ! messieurs, cela est contraire à notre devoir, contraire aux traditions de la France et contraire à notre intérêt. C'est pourquoi je voudrais que M. le ministre des affaires étrangères vînt me rassurer et vînt rassurer non seulement moi, mais croyez-le bien, tous ceux qui, dans l'Europe entière, et au delà même des limites de l'Europe, s'intéressent à cette question, à l'avenir de l'œuvre de La Haye. Je voudrais que vous vînssiez dire que personne ici n'est, en réalité, hostile à cette œuvre, et qu'on ne se borne pas à faire pour elle des vœux

platoniques, mais qu'on désire enfin voir la cour
d'arbitrage ouverte, alors qu'elle est restée fermée
par notre faute, alors qu'il s'est présenté plusieurs
occasions de la rouvrir (*Applaudissements à l'extrême gauche*), alors que ces occasions, au lieu de
les saisir, on les a scrupuleusement évitées, attendant que notre devoir nous fût rappelé, non pas
même par une puissance européenne, mais par une
puissance d'outre-mer.

J'estime que cela est tout à fait en contradiction,
je le répète, avec nos engagements solennels, avec
notre intérêt comme avec l'intérêt du gouvernement
russe, si catégoriquement exprimé dans la circulaire
du comte Mourawiev.

Mais s'il ne suffisait pas de tant d'indices mani-
festes de l'intention bien arrêtée chez les gouvernements des grands États européens de tuer dans
l'œuf l'œuvre de La Haye, s'il ne suffisait pas de
l'affaire de Waïma, de celle du *Sergent-Malamine*
et de tant d'autres que nous n'avons pas voulu soumettre à la nouvelle cour, il y a le fait que je viens
de signaler tout à l'heure et qui, si mince soit-il, n'en
est pas moins tout à fait probant. Vous n'avez pas
voulu inscrire au budget cette misérable dépense
afférente à la création et à l'entretien de la cour,
depuis deux ou trois ans, dans le budget de la
France.

C'est là un recul, un véritable désaveu, et ce
désaveu est déplorable. Ne vaudrait-il pas mieux
que la France donnât l'exemple contraire, en
reconnaissant hautement une œuvre dont elle ne

peut que s'honorer? (*Applaudissements à l'extrême gauche et à gauche.*)

Pensez, messieurs, que la France doit contribuer à l'entretien de la Cour de La Haye pour une misérable somme de quelques milliers de francs, puisque vingt-six puissances doivent se partager une contribution générale inférieure à 100.000 francs pour entretenir le palais, la cour, un secrétaire général et un personnel très modeste. La France n'aurait donc à inscrire à son budget qu'une somme de quelques milliers de francs. Et elle ne le fait pas !

J'ai cherché partout encore une fois dans le budget, jusque dans les chapitres les moins vraisemblables, j'en ai été réduit à me demander si cette dépense de la Cour de La Haye n'avait pas été glissée honteusement dans les dépenses secrètes qu'on n'ose avouer. (*Applaudissements à l'extrême gauche.*)

Mais je reconnais que cette supposition n'était pas justifiée. J'ai fini par m'adresser au ministère des affaires étrangères pour avoir une indication et j'ai constaté qu'il n'y avait pas le moindre mauvais vouloir. On n'y avait simplement pas pensé. C'est là ce que je regrette, monsieur le ministre. (*Applaudissements sur les mêmes bancs.*)

Ce que je regrette, c'est que le Gouvernement français, à défaut de son devoir, n'ait pas compris que son intérêt est d'être le premier à prendre les initiatives généreuses, alors surtout qu'il s'agit d'une initiative si peu compromettante, quand nous n'avons qu'à suivre l'exemple donné par la Russie, et à lui rappeler amicalement les intérêts supérieurs dont elle nous a conviés à prendre avec elle la défense, alors surtout qu'il y aura dans cette initiative élémentaire l'embryon d'une grande œuvre, un budget de la paix. (*Applaudissements à l'extrême gauche et sur divers bancs à gauche.*)

Vous dépensez et nous votons tous sans discuter un milliard pour le budget de la guerre, et vous ne voudriez pas inscrire un centime pour le budget de la paix ! (*Nouveaux applaudissements sur les mêmes bancs.*)

M. RIBOT. — Nous sommes tous disposés à le faire, monsieur d'Estournelles.

M. D'ESTOURNELLES. — Je me garderai de vous contredire. Mais permettez-moi d'ajouter que, si vous voulez.m'aider autrement que par une déclaration sympathique, je vous en serais, et bien d'autres avec moi, infiniment reconnaissant.

M. RIBOT. — Le tribunal de La Haye n'appartient à aucun parti dans cette Chambre. (*Très bien ! très bien !*)

M. HENRI MICHEL (Bouches-du-Rhône). — Mais il appartient à tout le monde de le mettre en œuvre.

M. D'ESTOURNELLES. — Je vous remercie de votre déclaration, monsieur Ribot; je sais qu'elle est parfaitement sincère. Elle est, d'ailleurs, d'accord avec certain passage du beau discours que vous avez prononcé, il y a quelques jours, et dans lequel, entre parenthèses et sans rancune, vous vouliez bien rappeler spirituellement le prétendu message que j'avais adressé, disiez-vous, à M. le président des États-Unis. Il est vrai que j'avais tout fait pour m'attirer de votre part ce sarcasme, et qu'il était même en apparence justifié. Que voulez-vous ! on fait ce qu'on peut, et puisque l'Europe se taisait, j'ai cru et je crois encore que quelqu'un, malgré tout, devait parler et féliciter M. Roosevelt de son heureuse décision ; mais je m'empresse d'ajouter que, sans aucun doute, mon message aurait eu singulièrement plus d'autorité si, au lieu de me l'avoir laissé signer seul, vous aviez consenti à y ajouter votre signature. (*Applaudissements et rires à l'extrême gauche.*)

J'ai terminé. J'espère que M. le ministre des affaires étrangères voudra bien prendre acte de mes observations, uniquement inspirées par le respect de nos engagements et la conscience des vrais intérêts de la France. Et pour me résumer en concluant avec toute la netteté possible, je désire :

1° Qu'à l'avenir M. le ministre ouvre un chapitre spécial pour les dépenses de la Cour de La Haye, embryon d'un budget international de la paix qui se développera rapidement ;

2° Que M. le ministre des affaires étrangères saisisse cette occasion pour nous déclarer que non seulement il n'a pas le moindre désir d'étouffer la Cour de La Haye, mais au contraire qu'il veut la voir vivre et qu'il fera le nécessaire pour l'y aider. (*Applaudissements à l'extrême gauche et sur divers bancs à gauche.*)

M. LE PRÉSIDENT.—La parole est à M. le ministre des affaires étrangères.

M. DELCASSÉ, *ministre des affaires étrangères*.—Messieurs, je me hâte de rassurer notre honorable collègue. Le Gouvernement de la République est soucieux, autant que quiconque, de tenir les engagements qu'il a pris à La Haye, et il est si loin de montrer pour l'arbitrage et pour l'organe le plus qualifié de l'arbitrage, la Cour de La Haye, de l'indifférence, à plus forte raison de l'hostilité, que déjà, il y a quelques semaines, il s'est mis d'accord avec le gouvernement du Guatemala pour déférer au tribunal permanent un différend qui nous divise. (*Très bien ! très bien !*)

M. D'ESTOURNELLES. — Je suis heureux de l'apprendre.

M. LE MINISTRE DES AFFAIRES ÉTRANGÈRES. — J'aurais été heureux moi-même de vous l'annoncer si vous m'aviez fait l'honneur de m'interroger auparavant.

M. d'Estournelles demande pourquoi je n'ai pas prévu au budget le crédit représentant la part de la France dans les dépenses d'arbitrage. C'est parce que, mon cher collègue, au moment où le budget a été présenté à la Chambre, la répartition de ces dépenses n'avait pas encore été faite par le conseil administratif de la Cour de La Haye. Je l'ai reçue il y a peu de temps. Cette somme s'élève, pour la France, à 2.238 florins, c'est-à-dire à 4.700 francs. Elle s'applique à l'année 1901. Je ne connais pas encore la dépense de l'année 1902. Je crois cependant qu'elle ne dépassera pas celle de l'année 1901, de telle sorte qu'il suffira, je crois, de prévoir une somme annuelle d'environ 5.000 francs.

C'est cette somme que je suis parfaitement décidé à inscrire au prochain budget et à en faire l'objet d'un chapitre spécial. Par conséquent, l'honorable M. d'Estournelles a toute satisfaction. (*Applaudissements.*)

M. LE PRÉSIDENT DE LA COMMISSION DU BUDGET. — On ne peut imputer cette dépense que sur les exercices clos.

M. LE PRÉSIDENT. — La parole est à M. d'Estournelles.

M. D'ESTOURNELLES. — Je tiens à remercier M. le ministre de la netteté de ses déclarations. Pour ne laisser place à aucun doute, je les résume comme il suit : 1° il est entendu que la France va prochainement donner l'exemple et faire appel à la Cour de La Haye. Par conséquent on ne pourra plus dire qu'en Europe, aucun gouvernement ne veut s'y adresser; 2° il est entendu que, dans le prochain budget, nous verrons figurer un chapitre spécial portant cette simple mention : « Contribution de la France aux dépenses de la Cour de La Haye. »

C'est une double satisfaction dont je prends acte. Toutefois, ne pourrait-on pas — ce serait une satisfaction morale plus complète encore — ouvrir dès maintenant ce chapitre, ne fût-ce que pour mémoire, dans le budget de 1903? (*Très bien! très bien!*)

M. LE MINISTRE DES AFFAIRES ÉTRANGÈRES. — Volontiers !

M. D'ESTOURNELLES. — Je vous remercie.

M. LE PRÉSIDENT DE LA COMMISSION DU BUDGET. — Je ne fais aucune opposition à la proposition de notre honorable collègue. Je me borne simplement à faire observer, pour la forme, que si les dépenses se règlent ainsi que vient de l'indiquer M. le ministre, c'est sur le chapitre des exercices clos seulement que les dépenses pourront être payées.

M. JAURÈS. — Et pour l'année courante ?

M. LE PRÉSIDENT DE LA COMMISSION DU BUDGET. — Le règlement ne se fait que lorsqu'à La Haye a eu lieu la répartition des dépenses de l'exercice antérieur.

M. GUSTAVE ROUANET. — On pourrait faire figurer un crédit de prévision au budget actuel.

M. FERNAND DUBIEF, *rapporteur*. — Pour cette année la commission accepterait de créer un chapitre ainsi libellé :

« Participation de la France aux dépenses de la Cour d'arbitrage de La Haye.... Mémoire. » (*Très bien ! très bien !*)

Quant aux dépenses engagées, elles seront payées, comme le disait M. le président de la commission, sur les dépenses d'exercice clos. (*Applaudissements.*)

TABLE DES MATIÈRES

Imprimerie de Suresnes (E. PAYEN, directeur), 9, rue du Pont. — 7091